─────────── 님의 소중한 미래를 위해
이 책을 드립니다.

가상부동산 투자로
현실부자 되기

가상부동산 투자로
현실부자 되기

백영록 지음

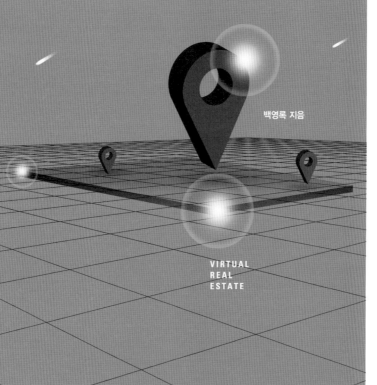

VIRTUAL
REAL
ESTATE

메이트북스

메이트북스 우리는 책이 독자를 위한 것임을 잊지 않는다.
우리는 독자의 꿈을 사랑하고,
그 꿈이 실현될 수 있는 도구를 세상에 내놓는다.

가상부동산 투자로 현실부자 되기

초판 1쇄 발행 2022년 9월 20일 | **지은이** 백영록
펴낸곳 (주)원앤원콘텐츠그룹 | **펴낸이** 강현규 · 정영훈
책임편집 박은지 | **편집** 안정연 · 남수정 | **디자인** 최정아
마케팅 김형진 · 정호준 | **경영지원** 최향숙 | **홍보** 이선미 · 정채훈
등록번호 제301-2006-001호 | **등록일자** 2013년 5월 24일
주소 04607 서울시 중구 다산로 139 랜더스빌딩 5층 | **전화** (02)2234-7117
팩스 (02)2234-1086 | **홈페이지** www.matebooks.co.kr | **이메일** khg0109@hanmail.net
값 16,000원 | **ISBN** 979-11-6002-382-4 03320

기회가 눈앞에 나타나면
덥석 낚아챌 준비가 되어 있어야 한다.

• 찰리 멍거(미국의 억만장자 투자자) •

가상부동산은 초기에 진입하면
큰 이익을 볼 수 있다

초고속·초연결·초저지연의 5G 상용화와 코로나19 팬데믹으로 2020년부터 전 세계의 많은 대중이 메타버스에 폭발적인 관심을 가지게 되었습니다.

그러나 코로나19 팬데믹에 의한 경기침체, 이를 방지하기 위한 초저금리와 유동성 과잉, 공급망 교란, 인력 부족에 따른 임금상승, 인플레이션 발생, 인플레이션 억제를 위한 양적 긴축과 고금리 정책 등 그동안 여러 가지 일들을 거치면서 가상자산의 가치가 점점 하락하기 시작했습니다. 그리고 결국 코인 테라 사건으로 비트코인마저 70% 가까이 폭락하며 1만 7,000달러까지 밀리기도 했는데요, 이러한 영향으로 사람들의 관심은 메타버스에서 조금씩 멀어지기 시작했습니다. 그동안 꾸준하게 신뢰를 쌓아왔던 친숙한 가상자산도 주저앉는 상황에서 아직은 낯설기만 한 메타버스에 매력을 느끼기는 어려웠을 테니까요.

현재 세계 경제는 러시아의 우크라이나 침공과 세계적 이상기후까지 겹치면서 매우 힘든 상황입니다. 그런데 이러한 때에 네이버, 넥슨, SK텔레콤은 세계적 메타버스 플랫폼 '로블록스'처럼 이용자들이 게임 콘텐츠를 만든 대가로 수익을 창출할 수 있는 가상세계 창작게임을 개발하는 데 열의를 다하고 있습니다. 또한 페이스북은 메타버스 시장을 선점하기 위해 회사 이름을 Meta로 바꾸고 새로운 VR 헤드셋 등을 개발중이고, 애플은 AR 글라스 출시를 위해 노력하고 있으며, 마이크로소프트는 '홀로렌즈3'를 개발하고 있습니다. 이는 메타버스가 대중화되는 데 시간이 좀 걸릴 수는 있지만 미래의 큰 시장으로 인식되고 있음을 보여줍니다.

매슬로의 인간 욕구 이론에 따르면 사람은 '생존의 욕구, 안정의 욕구, 사회 연결 욕구, 자기표현 욕구, 지적 욕구, 심미적 욕구, 자아실현 욕구' 순으로 기본적인 욕구를 충족하기를 원하는데요, 메타버스는 기존의 사회 연결과 자기표현 욕구뿐만 아니라 최상위 욕구인 '자아실현' 욕구까지 실현해줄 수 있는 매력적인 수단이 될 수 있습니다.

메타버스란 반드시 가상의 공간만을 의미하는 것은 아닙니다. 메타버스에는 가상의 공간 없이 일상적인 경험과 정보를 디지털 환경에 기록·저장·전송·공유만 하는 라이프 로깅(Life-logging)도 있으니까요. 그러므로 메타버스라고 해서 반드시 가상부동산이 필요한 건 아닙니다. 하지만 메타버스에서의 게임·공연·전시·판매·홍보·쇼핑·의료·금융·교육 등은 대부분 가상부동산 위에서 구현됩니다. 즉 메타버스와 가상부동산은 떼려야 뗄 수 없는 관계인 거지요.

가상부동산은 토지나 아이템을 구매해 시세차익을 보는 단순한 투자대상이 아닙니다. 테스트 베드(Test Bed)로서 도시계획·도시설계·정책 등을 실험해볼 수도 있고, 현실세계에서는 불가능한 새로운 투자대상을 개발하며 새로운 경제생태계를 조성할 수도 있습니다. 그리고 궁극적으로는 현재보다는 좀 더 다양하고, 경제적으로 풍요로우며, 삶의 질이 향상된 '세컨드 라이프(Second Life)'를 경험할 수도 있습니다. 반면 가상부동산에 관심을 두지 않거나 정보에 어두우면 경제력이나 사회적 위치에서 멀어질 수 있고 그만큼 삶의 질도 낮아질 수 있습니다.

현실 부동산에 없는 가상부동산만의 특징으로는 손쉬운 거래 방식, 위변조의 어려움, 거래의 투명성, 의사결정의 공평성, 다양한 상품개발 등 여러 가지가 있습니다. 이러한 장점에도 가상부동산 플랫폼에서 강조하는 NFT, 디파이(DeFi), 웹3.0, 다오(DAO) 등은 아직도 개선되어야 할 점이 많고, 법률적·제도적 보완도 필요합니다. 그리고 앞서 언급했듯이 세계 경제도 매우 좋지 않습니다. 하지만 가상부동산의 투자자들이 NFT, 디파이(DeFi), 웹3.0, 다오(DAO) 등의 새로운 기술을 당장 눈앞의 돈벌이보다는 삶의 질을 만족하는 데 초점을 맞춰 활용한다면, "썰물이 와야 비로소 누가 발가벗고 수영하고 있었는지 알 수 있다(Only when the tide goes out do you discover who's been swimming naked)"라는 워런 버핏의 말처럼 현재 미국 증시를 주도하고 있는 많은 빅테크(Big Tech) 기업이 2000년 닷컴 버블 붕괴의 잿더미 속에서 탄생한 것처럼, 지금의 시장 조정 기간은 건전하게 운영되는 가상부동산 플랫폼이 살아남는 큰 기회가 될 수 있습니다. 그리고 투자자들은 이러한 건전한 가상부동산 플랫폼을 통해 안전하고 꾸준한 수익을 올릴 수 있습니다.

사람은 언제나 그랬듯이 새로운 것을 만나면 도전하고 개발합니다. 가상부동산이라고 해서 예외는 아닐 겁니다. 그리고 그 도전에 따른 성공 여부는 사람에게 달려 있습니다.

가상부동산은 초기에 진입하면 큰 이익을 볼 수 있습니다. 하지만 그에 앞서 여러 정보를 통해 수익성 모델이 현실성 있고 타당한지 꼼꼼하게 살펴봐야 합니다. 그리고 가상부동산은 플랫폼 안의 위치보다는 얼마나 건전한 플랫폼인지가 매우 중요합니다. 이 책에 소개된 여러 가상부동산도 꼼꼼하게 분석해보시기 바랍니다.

끝으로 이 책을 통해 가상부동산에 대해 궁금해하던 점들이 조금이나마 해소되기를 바라며, 이 책이 나오기까지 많은 수고와 배려를 해주신 메이트북스 분들께 감사하다는 말씀을 드립니다.

작은 서재에서

백영록

CONTENTS

Virtual Real Estate & Technology

1장

가상부동산을 알려면
관련 기술부터 이해해야 한다

2장

Virtual Real Estate Profit Model

가상부동산의
수익 모델을 파악하자

3장

Investment & Outlook

가상부동산의
투자가치와 미래 전망

가상부동산은 간단한 투자대상이 아닙니다. 가상세계인 메타버스, 가상세계를 구현하는 증강현실(AR), 가상현실(VR), 혼합현실(MR), 확장현실(XR), 위변조 방지를 위한 블록체인, 거래 수단인 가상자산, 원본임을 증명하는 NFT, 돈 버는 게임 P2E, 탈중앙화 금융 디파이(DeFi), 탈중앙 웹 Web3.0, 탈중앙 자치조직 다오(DAO), 탈중앙 앱 디앱(DApps) 등에 대해 정확하게 이해할 때 제대로 된 투자가 가능합니다.

1장

가상부동산을 알려면
관련 기술부터 이해해야 한다

Virtual Real Estate & Technology

가상부동산이란 무엇이고
어떤 것인가?

가상부동산에 대한 투자 열기가 달아오르면서 최근에는 개인뿐만 아니라 기업도 가상부동산에 투자하고 있는데요, 투자 방법도 다양해지고 있습니다.

●●● 가상부동산이란 무엇인가?

가상부동산의 개념은 어렵고 복잡할 듯 하지만 간단합니다. 3차원 가상세계인 메타버스(Metaverse) 안에 있는 부동산을 가상부동산이라고 합니다.

가상부동산에 관한 관심이 커지면서 가상부동산 플랫폼 내에서 관심받는 지역들은 이미 거래가 완료되었습니다. 그리고 새로운 가상부동산 플랫폼도 많이 출시되고 있습니다. 이 역시 분양경쟁률이 매우 높습니다. 이는 좌절된 2030의 실제 부동산에 대한 소유 욕구가 가상부동산에 투영된 결과라고 볼 수 있습니다. 최근 들어서는

NFT(Non-Fungible Token) 열풍까지 불면서 가상부동산에 관한 관심은 더욱더 커졌는데요, 이는 가상부동산 플랫폼의 운영진이 투자자금을 모은 뒤 잠적하는 일명 '러그풀'을 당하더라도 가상부동산의 소유권을 NFT화해 소유하고 있으면 안전할 수 있다는 판단 때문입니다. 가상부동산이 가상의 세계에 존재하는 부동산인 만큼 뭔가 확실한 보장이 필요하니까요.

●●◦◦ 가상부동산의 종류

가상부동산은 국내·외에 여러 개가 있는데요, 가상세계에 현실 공간의 형상을 반영했는지에 따라 크게 다음과 같이 2가지 종류로 나눌 수 있습니다.

하나는 가상세계에 현실 공간의 토지와 건물을 그대로 옮겨놓고 그것을 거래하는 것입니다. 대표적으로 트윈코리아, 오픈메타시티, 캐시존랜드, 메타버스2, 어스2, 넥스트어스, 지크월드, 업랜드 등이 있습니다.

다른 하나는 가상세계에 가상의 토지나 건물을 만들고 그것을 거래하는 것입니다. 대표적으로 독도버스, 메타그라운드, 클레이타워, 더샌드박스, 디센트럴랜드 등이 있습니다.

샌드박스

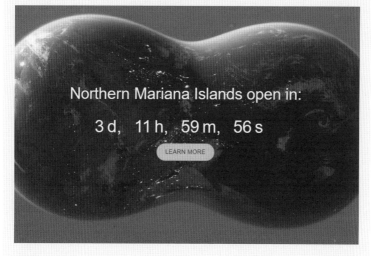

어스2

••• 가상부동산의 활발한 거래

가상부동산에 대한 투자 열기가 달아오르면서 최근에는 개인뿐만 아니라 기업도 가상부동산에 투자하고 있습니다. 그리고 투자 방법 또한 다양해지고 있습니다.

- 📍 돈 벌기 위한 게임(P2E, Play to Earn)인 엑시인피니티에 220개만 존재하는 희귀한 가상부동산이 550이더리움에 거래되었습니다.
- 📍 2021년 말 가상부동산 회사 메타버스그룹(Metaverse Group)은 250만 달러를 들여 디센트럴랜드의 토지 116개 구역을 매수했습니다.
- 📍 가상자산 투자회사 토큰스닷컴은 패션 사업을 가상세계로 확장하기 위해 243만 달러를 들여 디센트럴랜드의 상가를 매수했습니다.
- 📍 가상부동산을 단순히 매매하는 것이 아닌 가상부동산을 개발해 분양하기도 합니다. 2021년 가상부동산 개발업체인 리퍼블릭렐름(Republic Realm)은 펀드를 조성해 자금을 모은 뒤 더샌드박스에 430만 달러를 투자해 별장과 보트, 제트스키 등으로 구성된 '판타지 아일랜드' 100개를 개발했습니다. 그리고 첫날에만 90개의 섬을 각각 1만 5,000달러에 매도했습니다.
- 📍 저스틴 비버, 아리아나 그란데, DJ 마시멜로, 패리스 힐튼과 같은 유명 인사들도 가상부동산을 구매하고 있습니다. 미국 래퍼

엑시인피니티

출처: Axie Infinity

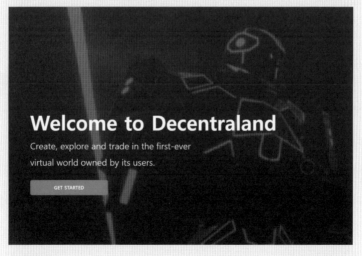

디센트럴랜드

출처: Decentraland

이자 프로듀서인 스눕독의 한 팬은 그의 이웃이 되기 위해 '더샌드박스'에 있는 부동산을 45만 달러에 구매하기도 했습니다.

●●● 가상부동산의 한계

가상부동산의 인기가 상승하면서 새로운 가상부동산 플랫폼이 우후죽순처럼 출시되고 있습니다. 이렇게 새로운 가상부동산 플랫폼이 계속해서 생겨나면 가상부동산 전체의 가격이 하락할 수 있습니다.

또한 가상부동산 플랫폼이 일방적으로 서비스 운영을 중단하면 하루아침에 가상부동산이 증발할 수 있습니다. 일부 가상부동산 업체에서는 "가상부동산에 관한 소유권이 NFT로 되어 있으니, 만약에 해당 가상부동산 플랫폼이 파산해도 가상부동산의 소유권은 NFT 거래소에서 거래할 수 있다. 그러니 안심하고 투자해도 된다"라고 주장하기도 합니다. 그러나 아직까지는 이러한 NFT의 거래가 활성화되진 않았습니다.

가상부동산 플랫폼이 파산하지 않고 살아남으려면 사용자들이 계속해서 몰려들어야 합니다. 그래야 가상부동산 플랫폼이 이윤을 창출하고, 이로 인해 가상부동산의 가치도 상승할 수 있습니다.

가상부동산이 투자가치가 있는 실질적인 자산으로 인정받기 위해서는 가치 산정이 가능하고, 환금성이 좋아야 합니다. 그런데 일부 가상부동산은 실체가 명확하지 않고 수익구조가 비현실적이어서 가상화폐보다도 유동성 위험이 더 큽니다. 이런 점에서 가상부동산은 옥석 가리기가 매우 중요합니다.

다시 말하자면 가상부동산을 현금으로 교환할 수 없거나 현금으로 교환할 수 있더라도 기간이 오래 걸릴 수 있습니다. 즉 가상부동산은 환금성과 유동성이 떨어질 수 있다는 것이지요.

서비스 구축이 완성되지 않았거나, 사업성이 검증되지 않은 상태로 가상부동산이 판매되기도 합니다. 심지어는 내부자들끼리 미리 부동산을 분배해 나눠가지려 한 사건도 있었는데요, 현재의 가상부동산은 투자자 보호를 위한 법률의 미비로 사기에 취약할 수 있습니다. 이러한 점 때문인지 비교적 안전한 미국의 가상부동산을 선호하기도 합니다.

●●● ▦ **가상부동산의 전망**

임종인 고려대 정보보호대학원 교수는 "가상부동산의 현재 가격은 투기 세력 유입 가능성이 존재하는 위험성이 큰 시장"이라고 경고하기도 했고요, 에드워드 카스트로노바 인디애나대학교 언론학 교수는 "가상부동산 판매는 폰지 사기와 같다"라고까지 말하며 비

판했습니다. 그러나 가상자산 기반 자산관리업체인 그레이스케일
(Grayscale)은 가상부동산 시장이 향후 1조 달러 규모로 급성장할 것
이라고 전망하고 있습니다.

　가상부동산 관련 법률이나 제도 등이 마련되어 앞서 언급된 가상
부동산의 한계를 극복한다면 가상부동산을 통해서도 안전하고 꾸준
한 수익 창출이 가능할 것입니다. 건물에 거대한 광고판을 설치하고
광고비를 받는다거나, 건물 앞에 무대를 설치해 패션업체나 예술가
들에게 빌려주고 대여료를 받는다거나, 전시장이나 쇼핑몰을 지어
서 입점한 업체로부터 임대료를 받는다거나 등을 할 수 있겠죠.

　가상부동산에 투자해 성공하고 싶다면 리퍼블릭렐름 공동설립
자인 재닌 요리오의 말에도 귀를 기울일 필요가 있습니다. 그는 "가
상부동산의 가치는 누가 소유했는지, 무엇을 하는지에 따라 결정될
것"이라며 "입지는 그다지 중요하지 않다"라고 했습니다. 입지가 중
요한지 그렇지 않은지 문제는 차치하더라도, 가상부동산에 투자할
때는 자신의 가상부동산 주변이 어떻게 개발되는지, 주변의 가상부
동산 소유자가 누구인지는 반드시 확인해야 할 것 같네요.

　가상자산 시장은 다양한 지식과 경험이 접목되어 계속해서 진화
하고 있습니다. 가상부동산도 마찬가지일 것입니다.

부동산 전문가가 바라본
현실 부동산과 가상부동산

현실 부동산은 볼 수 있고, 직접 만질 수 있고, 직접 거주할 수도 있습니다. 그러나 가상부동산은
화면을 통해 볼 수는 있으나 직접 만지거나 거주할 수는 없습니다.

　　현실 부동산 전문가로서 그동안 가상부동산에 관해 연구해오면서
현실 부동산(Real Estate)과 가상부동산(Virtual Real Estate)의 공통점과 차이
점을 발견하게 되었는데요, 그 내용은 다음과 같습니다.

●●● 현실 부동산과 가상부동산의 공통점

투자상품

　　현실 부동산이나 가상부동산 모두 시세차익을 얻기 위한 투자상
품입니다. 가격이 저렴할 때 매수했다가 수요가 많아 가격이 상승하

면 매도하는 것이지요. 그리고 종류에 따라서는 현실 부동산이든 가
상부동산이든 자신이 소유한 부동산을 빌려주고 임대수익도 올릴
수 있습니다.

인접성

현실 부동산이든 가상부동산이든 주변 토지나 건물에 따라 가치
가 달라집니다. 현실 부동산은 역세권·물세권·숲세권·학세권·스세
권이 가치가 높듯이, 가상부동산은 중심지역이나 랜드마크(Landmark)
주변이 가치가 높습니다. 그 외에도 면적이 같은 토지라도 서로가
각각 다르다는 개별성이 있으며, 한번 정해진 위치는 바꿀 수 없는
부동성도 현실 부동산과 가상부동산의 공통점입니다. 그러므로 현
실 부동산이든 가상부동산이든 투자 전에 반드시 지역분석을 해야
합니다.

개발 가능성

현실 부동산이 흙을 덮어 지대를 높이거나 축대를 쌓거나 평탄 작
업 등을 해서 가치를 상승시키는 것처럼 가상부동산도 토지에 전시
장, 공연장, 가게 등의 건물을 지어 자신의 가치를 상승시킬 수 있습
니다. 즉 현실 부동산이든 가상부동산이든 개발을 할 수 있다는 공
통점이 있습니다.

●●● 현실 부동산과 가상부동산의 차이점

실체 여부

현실 부동산은 볼 수 있을 뿐만 아니라 직접 만질 수 있고, 직접 거주할 수도 있습니다. 그러나 가상부동산은 화면을 통해 볼 수는 있으나 현실 부동산처럼 직접 만지거나 거주할 수는 없습니다. 가상부동산에서는 동물을 기르거나 식물을 재배할 수도 없네요. 만약에 가상부동산 플랫폼이 운영회사에 의해 강제로 폐쇄되면 가상부동산은 사라질 수 있습니다. 가상부동산은 영속성이 취약합니다.

투자자금

현실 부동산에 투자하려면 보통 몇억 원 정도가 필요하지만, 가상부동산은 보통 몇십만 원 정도면 투자할 수 있습니다. 물론 가격이 많이 상승한 가상부동산은 투자 시 현실 부동산처럼 몇억 원 정도가 필요하기도 하지만 흔하지는 않습니다.

임대수익률

가상부동산은 현실 부동산과 비교해 투자금이 적다 보니 부동산을 빌려주고 받는 임대수익이 현실 부동산보다 적다 하더라도 임대수익률 측면에서는 현실 부동산보다 높습니다. 가상부동산이 현실 부동산보다 적은 돈을 투자하고서도 임대료는 많이 받을 수 있는 것입니다. 단, 가상부동산 플랫폼에서 지속적인 임대료를 받으려면 플랫폼에 매일 출석해야 합니다.

거래 과정

현실 부동산은 '공부 서류 열람 → 현장답사 → 시·군·구청 방문 → 법무사사무소·공인중개사사무소 방문 → 계약 → 잔금·소유권이전등기 신청 → 소유권 이전 단계'를 거치는데, 가상부동산은 '검색 → 회원 가입·인증 → 매수·지불 → 소유권 NFT(Non-Fungible Token) 발급 단계'를 거칩니다. 현실 부동산은 거래단계가 가상부동산보다 많아 가상부동산보다 거래 기간이 깁니다.

관리

현실 부동산은 관리하기 어렵고, 비용이 많이 듭니다. 반면 가상부동산은 소유자가 따로 관리할 필요가 없고, 비용도 거의 들지 않습니다.

진위확인 대상과 시간

현실 부동산은 거래하기 전에 매도자의 진위를 확인합니다. 부동산을 팔고자 하는 매도자가 정직한 매도자인지를 확인하는 매도자 중심의 진위확인인 것이죠. 이에 반해 일부 가상부동산은 매수자가 가상부동산 플랫폼에 회원 가입할 때 '가입인증'과 가상부동산을 매수하기 전에 '지갑인증'을 실시합니다. 매수자가 가상부동산을 매수할 능력이 있는지를 확인하는 매수자 중심의 진위확인을 하는 것이죠. 그리고 현실 부동산의 진위확인은 정부24에서 주민등록증이나 운전면허증만 조회하면 되는데, 일부 가상부동산은 인증과정이 복잡하고 시간도 오래 걸리는 데다가 인증과정이 영어로 이루어지는 경우에는 인증을 하는 과정이 난공불락에 가깝습니다.

소유권의 위변조

현실 부동산은 매도자의 진위확인이 간단한 만큼 주민등록증·운전면허증·등기권리증 등 소유권과 관련된 증명의 위변조가 가능합니다. 그러나 가상부동산은 블록체인과 NFT 기술을 활용하므로 소유권의 위변조가 가능하지 않습니다. 단, 거래 시 필요한 지갑의 비밀번호나 Seed Key의 관리 소홀로 해킹을 당할 수는 있습니다.

투자 기간

현실 부동산의 투자 기간은 보통 정권 교체 주기와 비슷한 5~10년 정도입니다. 그러나 가상부동산의 투자 기간은 매우 짧습니다. 가상부동산은 거래가 자주 발생해야 플랫폼이 활성화되고 계속해서 성장할 수 있기 때문입니다. 그러한 차원에서 일부 가상부동산 플랫폼은 소유자가 가상부동산을 오랫동안 가지고 있는 걸 방지하기 위해 소유자의 가상부동산을 플랫폼이 강제로 매도하기도 합니다.

세금

현실 부동산은 취득할 때 취득세를, 보유할 때 재산세와 종합부동산세를, 양도할 때 양도소득세 등의 세금을 정부에 납부해야 합니다. 그러나 일부 가상부동산은 매도할 때 매도가격의 10% 정도를 플랫폼에 줘야 합니다. 딱 봐도 현실 부동산의 세금부담이 가상부동산의 세금부담보다 큽니다.

담보대출

현실 부동산은 해당 부동산을 금융기관에 담보로 맡기고 부족한 매수대금을 대출받을 수 있습니다. 그러나 가상부동산은 담보대출 기능이 없습니다. 단, 앞으로 가상부동산 거래가 더 활성화되면 가상부동산도 담보대출이 가능할 수 있습니다.

게임과 아바타

가상부동산은 플랫폼 활성화를 위해 수많은 사람의 참여를 유도하려고 게임을 할 수 있게 하거나, 플랫폼 안에서 사용자를 대신할 아바타가 있기도 합니다. 현실 부동산에서는 상상하기 어려운 기능들입니다.

역사와 익숙함

현실 부동산의 역사는 인류의 탄생과 함께한다고 해도 과언이 아닐 만큼 오래되었지만, 가상부동산의 역사는 10년도 되지 못합니다. 그러다 보니 가상부동산에 익숙하지 않은 사람들이 많습니다. 가상부동산에 대한 정보격차는 장래에 경제력과 사회적 위치의 차이로 나타날 수 있습니다.

좀 더 안전하고 수익률이 높은 가상부동산 투자를 원한다면 이와 같은 현실 부동산과 가상부동산의 공통점과 차이점을 먼저 살펴보세요.

메타버스가
가상부동산의 공간이다

"인류는 처음엔 말을 탔고, 산업혁명을 거치면서는 자동차·배·비행기를 탔으며, 우주항공 시대엔 로켓을 탔듯이, 우주 너머의 또 하나의 세계가 도래한 지금은 메타버스를 타야 한다."

_ 이어령 교수

●●● 메타버스는 3차원 가상세계를 뜻하는 합성어

메타버스(Metaverse)는 '저너머(Beyond)'를 뜻하는 '메타(Meta)'와 우주를 뜻하는 '유니버스(Universe)'의 합성어로 현실세계가 아닌 가상세계를 뜻합니다. 메타버스가 가상세계라고 해서 현실세계와 완전히 동떨어진 낯선 세계라고 생각할 수도 있겠지만 반드시 그런 것만은 아닙니다.

메타버스는 시간이나 공간 또는 기술의 한계 등으로 현실 공간에서 할 수 없었던 활동도 가능한 세계입니다. 메타버스는 현실과 비현실이 더불어 공존하는 생활·게임형 3차원 가상세계라 정의할 수 있습니다.

메타버스의 종류, 메타버스에서 할 수 있는 것들, 메타버스의 전망 등에 대해 자세히 알아보겠습니다.

●●● 메타버스도 종류가 있다

메타버스는 앞서 언급했듯이 현실 공간의 여러 활동이 가능한 가상세계입니다. 그런데 적용되는 기술에 따라 조금씩 다른 세계가 존재합니다. 미국의 기술연구단체인 ASF(Acceleration Studies Foundation)의 '메타버스 로드맵'에 의하면 메타버스는 속성에 따라 증강현실(AR), 라이프 로깅(Life-logging), 거울세계, 가상세계로 구분할 수 있습니다. 이 4개의 유형은 상호 간에 서로 연계해 발전한다고 합니다.

증강현실(Augmented Reality)

현실의 이미지나 배경에 3D로 구현된 가상의 이미지가 겹쳐 보이는 기술을 증강현실(AR)이라 합니다. 대표적인 증강현실로는 자동차 운전석 앞 유리에 주행 정보가 보이는 HUD(Head-Up Display), 목적지까지 가는 방향을 가상의 화살표 등으로 표시해주는 앱, 실제 사물과 식별 정보가 함께 보이는 안경, 잡지에 있는 가구를 원하는 장소에 가상으로 배치해서 볼 수 있는 앱 등이 있습니다.

내비게이션   출처: 아이나비

증강현실 가구   출처: IKEA EGYPT

라이프 로깅(Life-logging)

사람과 사물에 대한 일상적인 경험과 정보를 디지털 환경에 기록·저장·전송·공유하는 것을 라이프 로깅(Life-logging)이라고 합니다. 대표적인 라이프 로깅으로는 스마트워치를 손목에 차고 있으면 이용자의 심장박동수나 심전도 등의 건강 데이터가 기록·전송된다거나, 자동차의 주행기록이 기록·관리된다거나, 인터넷 이용자의 검색 데이터가 저장·전송되는 것 등입니다. 그리고 이렇게 수집된 정보를 바탕으로 이용자에게 필요한 서비스가 무엇인지를 파악하는 것입니다.

혹시 사용중이던 컴퓨터의 모니터에 예전에 자신이 검색했던 상품의 광고가 뜬 적이 있지 않나요? 만약 그런 적이 있다면 당신의 과거 쇼핑 정보가 이미 검색 엔진 서비스에 전송되어 관리되고 있다는 것입니다.

그러고 보니 SNS도 이용자끼리 서로가 나눈 대화나 영상이 기록·저장·전송·공유된다는 점에서 라이프 로깅이라고 할 수 있겠네요.

라이프 로깅(Life-logging)은 사람과 사물, 사물과 사물이 인터넷으로 상호소통하는 사물인터넷(Internet of Things), 빅데이터(Big Data), 데이터를 중앙컴퓨터에 저장하고 인터넷에 연결된 단말기로 컴퓨터 작업을 할 수 있는 클라우딩 컴퓨팅(Cloud Computing) 기술이 필요합니다.

라이프 로깅 스마트시계

출처: 한국데이터산업진흥원

라이프 로깅 SNS

출처: 한국데이터산업진흥원

거울세계(Mirror World)

가상공간에 현실세계의 정보를 쌍둥이처럼 그대로 나타낸 것을 거울세계라 합니다. 거울세계는 단순히 현실세계의 모습만 구현한 것이 아니라 교통·날씨·인구·건축자재·에너지 사용량 등 현실세계의 다른 정보도 함께 반영하고 있습니다.

실제 싱가포르 북부 지역 편골 타운(Punggol Town)을 설계할 때, 도시 계획자들은 거울세계 기술을 이용해 어떤 건물이 태양 에너지를 더 생산할 수 있는지를 분석함으로써 에너지와 비용의 절감 정도를 추정했으며, 가스 누출과 같은 비상사태 시 시민들을 안전하게 대피시키기 위해 도시 전체의 건물을 어떻게 배치할지에 대한 모의실험도 해볼 수 있었습니다.

virtual singapore-sun   출처: National Research Foundation

virtual singapore-Data   출처: National Research Foundation

가상세계(Virtual World)

　가상의 사이버 공간을 가상세계라 하는데요, 현실세계와 동떨어진 영화나 게임 속 세상을 말합니다. 사용자들은 자신이 투영된 아바타를 이용해 가상세계에서 활동하지요. 대표적인 게임으로는 로블록스, 제페토, 포트나이트 등이 있으며, 영화로는 〈레디 플레이어 원(Ready Player One)〉 등이 있습니다. 참고로 가상현실(VR)은 가상세계(VW)를 구현하는 기술을 의미하므로 가상현실과 가상세계는 다르게 이해해야 합니다.

가상세계 제페토   출처: ZEPETO

가상세계 <레디 플레이어 원>   출처: 네이버 영화

●●● 메타버스에서 할 수 있는 것들

메타버스는 맨 처음 1992년 미국 SF작가 닐 스티븐슨의 소설 『스노 크래시(Snow Crash)』에서 언급되었는데요, 아바타를 통해서만 들어갈 수 있는 가상의 세계를 의미하는 표현이었습니다. 그러다 2003년에 린든랩(Linden Lab)이 출시한 3차원 가상현실 게임인 '세컨드 라이프(Second Life)'가 인기를 끌면서 메타버스는 널리 알려지게 되었습니다.

이후 2020년부터 대중이 메타버스에 폭발적인 관심을 가지게 되었는데요, 그 이유는 이때부터 초고속·초연결·초저지연의 5G가 상용화되어 가상세계를 예전보다 좀 더 자연스럽게 이용할 수 있게 되었기 때문입니다.

메타버스 안에서 할 수 있는 것 중에 가장 대표적인 것은 게임입니다. 게임을 만들 때 사용되는 기술들이 메타버스를 구축하는 데 많이 적용되고 있습니다.

메타버스 안에서는 공연과 전시도 가능합니다. BTS(방탄소년단)가 '포트나이트'에서 〈다이너마이트〉 뮤직비디오를 공개하기도 했으며, EBS와 한국문화예술교육진흥원은 2021년 2월 '보이스(VOICE): 7개의 기호들'이라는 전시회를 메타버스에서 선보이기도 했습니다.

메타버스 안에서는 판매·홍보·쇼핑도 가능합니다. 구찌는 네이버 제트(Z)가 운영하는 제페토에서 '구찌 빌라'를 열고 아바타를 위한 가상 옷을 판매했으며, 루이 비통은 온라인 게임 '리그 오브 레전드'에서 디지털 캡슐 컬렉션을 출시했습니다. 그리고 CU는 '제페토'에 CU제페토 한강공원점, CU제페토 교실매점, CU제페토 지하철역점을 개점했는데 반년 새 2,500만 명 넘는 사람들이 방문했습니다. 세븐일레븐도 '플레이투게더'에 편의점을 개점했습니다.

메타버스 안에서는 교육도 가능합니다. 이화여자대학교 인재개발원은 학생들의 진로·취업 활동을 위한 메타버스 '인재개발ON'을 선보였습니다. 인덕대, 서정대 등 47개 전문대학은 2024년까지 온라인 교육에서 가장 큰 단점인 실습 문제를 VR을 이용해 해결할 수 있는 메타버스 플랫폼을 함께 구축하기로 했습니다.

메타버스 안에서는 행정도 가능합니다. 경기도 남양주시는 '2021 글로벌 ESG 메타시티 서밋'을 개최해 ESG(환경·책임·투명경영) 행정과 메타버스 선도 도시로 도약하겠다고 발표했습니다.

마이크로소프트(MS)는 메타버스 제국을 꿈꾸며 687억 달러를 들여 글로벌 게임업체인 액티비전 블리자드를 인수하기도 했습니다.

모바일 게임 소프트웨어를 개발하고 공급하는 컴투스(Com2uS)는 가상 오피스를 위한 '오피스 월드', 쇼핑·금융·의료 서비스를 위한 '커머셜 월드', 게임·음악·영화·공연 등을 위한 '테마파크 월드', 이용자들 간의 소통을 위한 '커뮤니티 월드', 이 4가지를 한꺼번에 이용할 수 있는 올인원(All-in-One) 메타버스 '컴투버스'를 앞으로 상용화할 예정입니다.

제일기획은 메타버스 전문기업 이브이알스튜디오에 170억 원을 투자해 메타버스 콘텐츠 기반 사업을 본격화하기로 했습니다.

SK텔레콤은 현실세계에 살면서 동시에 AI 기반의 내 아바타가 메타버스 세계를 돌아다니며 경험할 수 있는 '아이버스(AI+메타버스)' 세계를 스마트폰뿐만 아니라 가상현실(VR) 기기, 자율주행차, 플라잉카 등 새로운 IT 기기에 탑재할 계획입니다.

LG유플러스는 신규 메타버스 서비스인 '유플러스(U+) 가상오피스'와 'U+키즈동물원'을 2023년에 출시할 예정입니다.

●●● 메타버스의 한계

- ♥ 메타버스가 게임 위주로 발전해서 그런지 아직까지는 10대 이용자에 편향된 콘텐츠와 세계관으로 이루어져 있습니다. 앞으로는 30~50대도 참여할 수 있는 다양한 콘텐츠 개발이 필요합니다.

- ♥ 메타버스에서는 현실에서의 빈부격차와 마찬가지로 세대 차이, 경제력 차이, 사회적 위치에 따라 정보격차가 발생할 수 있습니다. 그러한 정보격차는 빈부격차를 심화시켜 삶의 질의 격차로 이어질 수 있습니다.

- ♥ 이용자가 현실 공간에서 하듯 메타버스 안에서도 자신의 역할을 자연스럽게 수행할 수 있도록 더 편리하고 간편한 장치(Device)

의 개발이 필요합니다.

- 이용자가 메타버스 안에서 현실감을 극대화할 수 있도록 더 높은 해상도를 가진 디스플레이의 개발이 필요합니다.
- 메타버스 서비스를 제공하는 플랫폼 기업들이 중요한 데이터를 독점하는 '빅브라더 이슈'가 발생할 수도 있습니다.
- 새로운 금융 범죄, 해킹, 개인정보 유출, 디지털 성범죄 등을 예방하고 강력하게 처벌할 수 있는 법률이나 제도가 아직은 미흡합니다. 또한 메타버스라는 대안적 평행세계(alternative parallel universe)에서의 권리와 의무가 무엇인지에 대한 사회 계약이 필요합니다.

●●● 메타버스의 전망

한국 최고의 지성이자 초대 문화부 장관인 이어령 교수는 인류의 문명 단계를 '타다'로 설명했는데요, "인류는 처음엔 말을 탔고, 산업혁명을 거치면서는 자동차·배·비행기를 탔으며, 우주항공 시대엔 로켓을 탔듯이, 우주 너머의 또 하나의 세계가 도래한 지금은 메타버스를 타야 한다"라고 말했습니다. 앞으로 메타버스 관련 기술들이 전 분야에 적용되면 휴식 시간도 증가하고 편리해지면서 삶의 질도 향상될 것으로 예상됩니다.

그러나 메타버스의 전망이 밝으려면 앞서 언급한 메타버스의 한계를 해결하기 위한 새로운 법률과 제도 그리고 철저한 관리 감독 방안이 마련되어야 합니다. 또한 메타버스에서의 삶이 인간에게 어떠한 영향을 미칠 것인가에 관한 인문학적 고찰도 필요합니다. 결국 좋은 기술이 개발되더라도 그것을 유용하게 사용할지 말지는 인간에게 달려 있으니까요.

증강현실, 가상현실, 혼합현실, 확장현실이란 무엇인가?

AR·VR·MR·XR 기술은 4차 산업혁명의 핵심기술로서 다양한 산업발전에 긍정적인 영향을 주고, 우리의 일상생활도 안전하고 편리하게 바꿀 것으로 예상됩니다.

메타버스를 구현하는 기술인 증강현실(AR), 가상현실(VR), 혼합현실(MR), 확장현실(XR)이란 무엇일까요? 여기에서는 증강현실, 가상현실, 혼합현실, 확장현실의 한계와 전망에 대해 알아보도록 하죠.

●●● 증강현실(AR)의 개념과 사례

증강현실이란 무엇인가?

현실 공간에 3차원으로 구현된 가상의 이미지를 겹쳐 보이도록 한 기술을 증강현실(Augmented Reality, AR)이라고 합니다. 증강현실은 가상현실(VR)처럼 머리에 HMD(Head Mounted Display)를 쓰지 않고 안경이나 스마트폰을 이용하므로 편리합니다. 그러나 증강현실은 주변의 배경이나 소리 때문에 가상현실보다 몰입도는 떨어지죠.

증강현실의 사례

증강현실은 엔터테인먼트, 쇼핑, 인테리어, 교육 등 많은 분야에 이용되고 있습니다. SM엔터테인먼트의 온라인 공연 '비욘드 라이브(Beyond LIVE)'에서 동방신기 무대에 고래가 헤엄치는 모습을 구현하기도 했으며, 슈퍼주니어 무대에는 최시원이 12m 거인으로 등장하기도 했습니다. 쇼핑할 때 옷을 입어보지 않고도 옷을 입은 모습

AR 엔터테인먼트   출처:Jump studio

AR옷쇼핑   출처: Fixou

AR교육   출처: Quiver

을 확인할 수 있는 가상 피팅(Fitting) 서비스도 있습니다. 교육과정에서도 책 속의 그림이나 사진을 스마트폰을 이용해 3차원 영상으로 볼 수 있습니다.

●●● 가상현실(VR)의 개념과 사례

가상현실이란 무엇인가?

가상의 세계에서 실제와 같은 체험을 할 수 있도록 하는 기술을 가상현실(Virtual Reality, VR)이라고 합니다. 증강현실이 현실 공간에 가상의 3차원 이미지를 겹쳐서 하나의 영상으로 보여주는 기술이라면, 가상현실은 현실 공간을 차단하고 가상공간에 가상의 3차원 이미지를 구현하는 기술입니다. 가상현실은 머리에 HMD(Head Mounted Display)를 쓰기 때문에 증강현실보다는 몰입도가 높습니다.

가상현실의 사례

가상현실 기술은 수술 및 해부 연습, 게임, 영화, 군사 훈련, 자동차 운전 시뮬레이션 등 각 분야에 활발히 응용되고 있습니다. 분당서울대병원은 여러 각도에서 수술 부위 및 수술 과정을 경험할 수 있도록 수술 현장을 직접 360도 VR 영상으로 촬영해 교육 자료로 활용했습니다. SK텔레콤은 전 세계 게이머들과 함께 사격·양궁·

테니스·볼링 등 다양한 스포츠 게임을 즐기는 크레이지월드 VR을 오큘러스 퀘스트 전용 게임으로 출시했고, VR임팩트에서 개발한 4차원 VR 레이싱 운전 시뮬레이터를 이용하면 음주운전, 졸음운전, 운전중 핸드폰 사용 시연을 해볼 수 있습니다. 한국계 스타트업인 어메이즈VR이 마련한 뮤지션 메건 더 스탤리언(Megan Thee Stallion)의 메타버스 콘서트 현장에서는 2030세대 미국인들이 가상현실(VR) 헤드셋을 착용하고 춤을 추며 떼창을 하기도 했습니다. 현대자동차는 신차 제작 시 차의 금형을 제작하고 차량을 실제로 조립해 양산성을 확인하는 '시작 단계'를 가상공간에서 수행하는 프로젝트를 진행했는데요, 이로 인해 신차 개발 기간은 약 20%, 개발 비용은 연간 15% 정도 줄일 수 있을 것으로 예상됩니다.

VR 의료 출처: 서울아산병원

VR 군사훈련   출처: 육군본부

VR 운전   출처: 한국교통안전공단

●●● 혼합현실(MR)의 개념과 사례

혼합현실이란 무엇인가?

증강현실(AR)과 가상현실(VR)을 혼합해 기존보다 더 진화된 가상세계를 구현하는 기술을 혼합현실(Mixed Reality, MR)이라고 합니다. 혼합현실도 현실 공간에 3차원 이미지가 겹쳐 보인다는 점에서 증강현실의 확장형이라고 할 수 있습니다. 가상현실과 증강현실이 시각에 전적으로 의존한다면, 혼합현실은 시각 외에 청각·촉각 등 인간의 오감 정보가 가상세계에서 접목되므로 더욱 생생하고 현장감 있는 가상세계를 체험할 수 있습니다.

혼합현실의 사례

증강현실로는 미국 매직리프 MR로 실내 체육관 한복판에서 고래가 튀어 오르는 영상이 유명합니다. 마이크로소프트(MS)의 혼합현실 기술인 홀로렌즈를 활용하면 개발중인 차량의 디자인을 미리 확인하고 차량의 색상, 재질, 크기까지도 실시간으로 변화시킬 수 있으므로 자동차 제조 시간과 비용을 절감할 수 있습니다. 영화 〈킹스맨〉에서도 혼합현실을 볼 수 있는데요, 주인공이 혼자 있는 회의실에 다른 회원들이 3차원 모습으로 나타납니다. 그 외에도 전자현미경으로만 볼 수 있었던 암 분자나 세포의 분화되는 모습을 실제 눈앞에서 확대하거나 축소해볼 수 있습니다.

MR 고래　　　　　　　　　　　　　　　출처: Magic Leap

MR 회의　　　　　　　　　　　　　　　출처: 영화 <킹스맨>

●●● 확장현실(XR)의 개념과 사례

확장현실이란 무엇인가?

증강현실(AR), 가상현실(VR), 혼합현실(MR) 모두를 통틀어 확장현실(Extended Reality, XR)이라고 합니다. 확장현실은 HMD나 헤드셋이나 스마트폰을 사용하지 않고도 홀로그램이나 4차원 영화와 같은 가상체험을 할 수 있는 기술입니다. 그러나 아직까지는 정확한 개념 정리가 되지 않은 기술이기도 합니다.

확장현실의 사례

확장현실(XR)은 메타버스의 공간을 구현하는 핵심기술로 온라인 콘서트, 영화, 드라마, 게임, 전시, 스포츠까지 활용할 수 있습니다. '2021 K-박람회' 현장에서는 엔피 스튜디오의 'NP XR 스테이지' 기술을 활용해 'K-콘텐츠' 부스를 뉴스룸으로 바꾸었습니다. '2021 온: 한류축제'의 스트레이키즈 공연에서는 미래형 차와 바이크 등이 무대 위를 날아다녔고, 마미손 무대에서는 실제 마미손보다 2~3배 더 큰 가상의 마미손이 무대에 등장하기도 했습니다. 까스텔바작은 까스텔바작 옷을 입은 모델들이 3차원 가상공간에 구현된 에펠탑까지 걸어가는 세계 최초의 확장현실(XR) 패션쇼를 선보였습니다. 세계적인 정보기술(IT) 기업인 시스코는 홀로그램 영상이 눈앞에 펼쳐지는 메타버스 영상회의 솔루션인 '웹엑스 홀로그램'을 시연하기도 했습니다.

XR 공연   출처: Cisco

XR 패션쇼   출처: 까스텔바작

XR 연구   출처: 국가과학기술연구회

●●●● AR, VR, MR, XR의 한계

📍 청각·촉각 등 인간의 오감 정보보다는 주로 시각 정보만을 활용함으로써 눈의 피로감, 균형감각이나 방향감각의 상실, 메스꺼움 등 신체적 문제가 발생할 수 있습니다.

📍 SUHD급 고글이 보급되고 원격 촉감 전달(Tele-haptic) 기술이 발전하면 시각에만 의존해서 발생하는 눈의 피로감, 방향감각의 상실, 메스꺼움 등은 해결될 수 있을 것으로 예상됩니다. 그러나 다른 한편으로는 인간의 두뇌와 신경계, 감각기관에서 역기능이 발생할 가능성도 있습니다.

♥ AR, VR, MR 등 기술의 발달로 현실 공간과 가상세계의 구분이 모호해지고 가상세계에서 느끼는 만족이 클수록 현실 공간을 외면한 채 가상세계에만 몰입하는 정신적·윤리적 문제가 발생할 수 있습니다.

♥ AR, VR, MR 기반 공간정보 콘텐츠의 불법복제로 저작권 침해가 자주 발생하곤 하는데요, 이는 콘텐츠 발달을 저해하는 주된 원인이 됩니다.

●●● AR, VR, MR, XR의 전망

AR, VR, MR은 360도 Full-3D 객체에 움직임까지 더해 콘텐츠를 생성함으로써 단순히 콘텐츠를 체험하는 단계를 넘어, 이제는 그 안에 직접 들어가 실감나게 가상세계를 경험하는 4차원 단계로까지 발전해가고 있습니다.

앞서 언급한 AR, VR, MR, XR의 한계를 좀 더 극복한다면 AR, VR, MR 기술은 4차 산업혁명의 핵심기술로서 다양한 산업발전에 긍정적인 영향을 주고, 일상생활도 안전하고 편리한 방향으로 변화시킬 것으로 예상됩니다.

가상부동산에서
블록체인의 역할은 무엇인가?

블록체인은 높은 신뢰성과 보안성으로 인해 금융뿐만 아니라 앞으로도 산업·문화·정치·사회 전반에 걸쳐 다양하게 활용될 것입니다.

●●● 블록체인은 데이터 분산 처리기술

블록체인이란 데이터 분산 처리기술을 말하는 것으로, 데이터를 중앙 집중형 서버에 저장하지 않고 체인으로 연결된 수많은 블록에 복제 저장함으로써 위변조나 해킹을 막을 수 있습니다. 블록체인으로 저장된 데이터를 위변조하고 싶다면 해당 데이터를 저장하고 있는 모든 블록을 해킹해야 하는데, 이것은 현실적으로 매우 어렵습니다.

블록체인은 데이터를 저장하는 블록(Block), 거래 참여자의 서버인 노드(Node), 항상 같은 길이의 결과를 도출하는 해시함수가 핵심입니다.

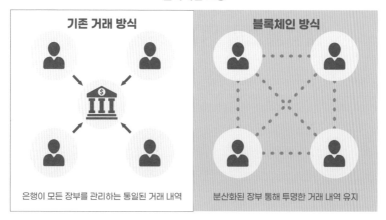

블록체인 모형

기존 거래 방식

은행이 모든 장부를 관리하는 통일된 거래 내역

블록체인 방식

분산화된 장부 통해 투명한 거래 내역 유지

출처: SW 중심사회

●●● 블록체인도 종류가 있다

퍼블릭 블록체인(Public Blockchain)

자격 제한 없이 누구나 참여할 수 있고, 모든 네트워크 참여자들에게 정보를 공개하는 블록체인을 말합니다. 모든 네트워크 참여자들에게 정보가 공개되므로 모든 정보는 숨김없이 투명하게 드러납니다. 한번 정해진 법칙은 바꾸기 매우 어렵고, 합의 과정에서 긴 회의 시간이 소요되며, 초당 처리 가능한 거래량이 7~20TPS로 거래 속도가 느립니다.

대표적으로 비트코인, 이더리움 등이 있습니다. 의사결정에 모든 네트워크 참여자들이 관여하므로 탈중앙화가 높습니다.

프라이빗 블록체인(Private Blockchain)

중앙기관이 모든 권한을 소유하고 그 중앙기관의 의사결정에 따라 법칙이 수월하게 바뀔 수 있는 블록체인을 말합니다. 허가받은 사람만 정보에 접근할 수 있습니다. 네트워크 확장이 매우 쉽고, 초당 처리 가능한 거래량이 1,000TPS 이상으로 거래 속도가 빠르며, 특정 기업의 특성에 맞게 설계할 수 있어 보안 측면에서는 퍼블릭 블록체인보다 상대적으로 유리합니다.

대표적으로 리플, 아이콘 등이 있습니다. 의사결정에 중앙기관만 관여하므로 탈중앙화가 낮습니다.

하이브리드 블록체인(Hybrid Blockchain)

퍼블릭 블록체인과 프라이빗 블록체인이 가지고 있는 단점을 보완하고 장점을 최대한 살리기 위해 2가지 블록체인을 혼합한 것을 말합니다.

하이브리드 블록체인에서는 모든 거래를 비공개로 진행할 수 있습니다. 그러나 필요한 경우에는 거래 정보를 개방할 수도 있습니다. 블록체인 사용자는 접근 허가를 받으면 퍼블릭 블록체인처럼 활동에 완전히 참여할 수 있고, 거래하거나, 다른 거래 정보를 보거나, 거래를 추가하거나 수정할 수도 있습니다. 은행, 공급망, 사물인터넷 등에 활용됩니다.

●●● 이중 지불을 할 수 없는 P2P 전자화폐 시스템

2008년 10월 31일 저녁, 사토시 나카모토라는 사람이 '비트코인: P2P 전자화폐 시스템'이라는 논문을 발표했는데요, 여기에서 "P2P 네트워크를 이용해 똑같은 돈을 두 번 사용하는 이중 지불을 막는다"라고 했는데 이 기술이 바로 블록체인입니다. 그리고 이러한 블록체인을 이용해 위변조가 어려운 전자화폐가 만들어졌는데 그것이 바로 비트코인입니다.

블록체인은 데이터를 중앙서버가 아닌 수많은 블록에 복제 저장한다는 점에서 탈중앙화 기술이라 할 수 있습니다. 데이터를 보관하는 중앙서버가 없기에 이를 지켜야 하는 중앙관리자도 필요가 없습니다.

●●● 블록체인을 이용한 서비스들

라이선스 계약

음악 스트리밍 서비스 스포티파이(Spotify)는 아티스트와 제작사 간의 공정하고 신뢰할 수 있는 라이선스(License, 이용허락) 계약을 체결하고 관리하기 위해 투명하고 위변조가 어려운 블록체인을 이용했습니다.

보험

홍콩 AIA는 방카슈랑스 운영에 블록체인을 적용함으로써 파트너 은행들과 업무에 필요한 데이터나 문서를 실시간으로 공유할 수 있게 되었고, 이로 인해 업무 시간을 단축하고 투명성을 높이게 되었습니다.

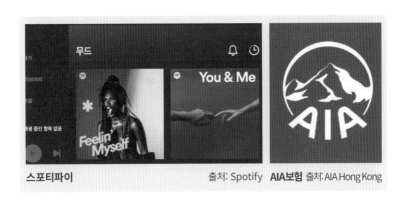

스포티파이　　　　　　　　　출처: Spotify　**AIA보험** 출처: AIA Hong Kong

드롭박스

메이드세이프는 사용자들이 조금씩 내놓은 저장 공간을 블록체인으로 관리합니다. 이로 인해 해커 공격에 안전하고 추가 비용도 없이 무한히 많은 저장 공간을 이용할 수 있습니다. 또한 메이드세이프 사용자 모두가 스스로 시스템을 관리하니 관리비용도 거의 들지 않습니다.

메시지

조너선 워런은 블록체인을 적용해 중앙서버 없이 사용자끼리 안전하게 메시지를 주고받을 수 있는 서비스 '비트메시지(Bitmessage)'를 만들었습니다.

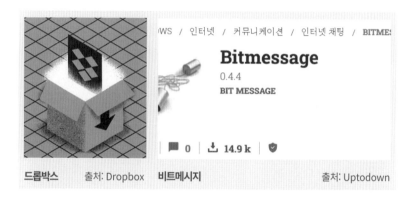

드롭박스   출처: Dropbox   비트메시지   출처: Uptodown

●●● 블록체인의 한계

- 📍 데이터가 새롭게 업데이트될 때마다 계속 반복해서 복제해야 하므로 서버 전체의 효율성이 떨어집니다.
- 📍 기록된 데이터가 다시는 변경되지 않는다는 것은 데이터의 위변조가 어렵다는 장점이 될 수 있으나, 반대로 잘못된 데이터를 삭제하거나 수정할 수 없다는 단점이 될 수도 있습니다. 그러므로 데이터를 저장하기 전에 철저한 검토가 필요합니다.

♀ 특정 그룹이 50% 이상의 노드(Node)를 소유하게 된다면 데이터를 변조할 수 있습니다. 물론 이와 같은 일은 쉽게 발생할 수 없지만, 블록체인이라고 해서 위변조 문제에서 100% 자유로운 것은 아닙니다. 그러므로 블록체인이 추구하는 진정한 탈중앙화를 위해서는 특정 그룹이 과반 이상의 노드 소유를 할 수 없게 하는 법률이나 제도가 필요합니다.

●●● 블록체인의 전망

블록체인은 그것이 가진 높은 신뢰성과 보안성으로 인해 개인 간 (P2P)대출, 화폐위조 방지와 같은 금융뿐만 아니라 부동산 소유자나 공부서류의 진위확인과 같은 부동산 관련 서류, 더 나아가 전자주민등록증 발급, 전자운전면허증 발급, 전자투표와 같은 행정, 의료기록 관리와 같은 의료, 화물의 생산 및 유통과정 추적 등 모든 분야에 다양하게 활용될 것입니다. 블록체인은 우리의 삶을 편리하고 안전하게 해주는 기술이 될 것입니다.

가상자산이란 무엇이고
어떻게 거래하는가?

가상자산에 대한 투자가 활발한 만큼, 앞으로 가상자산 투자 전반이 좀 더 대중적인 정보를 만들어내고 공유할 수 있는 시스템으로 정착된다면 가상자산의 전망은 좋을 것으로 예상됩니다.

●●● 가상자산으로 명칭을 통일

지폐나 동전과 같은 실물이 아닌 온라인으로 거래되는 전자적 증표를 가상자산이라고 하는데요, 그동안 가상자산은 가상화폐, 디지털화폐, 전자화폐, 암호화폐 등으로 불렸습니다. 그러다 주요 20개국(G20)은 2019년 정상회의 선언문을 통해, 그리고 대한민국은 2021년 3월 특정금융정보법을 통해 가상자산(Virtual Asset)으로 명칭을 통일하기로 했습니다. 2022년 4월 기준 전 세계 거래소에 상장된 가상자산은 9,400여 종에 달합니다. 이들 중 비트코인과 이더리움이 가상자산 시장을 주도하고 있습니다.

가상자산의 시작, 비트코인(Bitcoin)

　사토시 나카모토라는 정체불명의 사람이 블록체인을 활용해 가상 세계에서 누구나 신뢰하며 사용할 수 있는 전자화폐를 만들었는데, 이것이 바로 비트코인입니다. 코인의 발행과 거래를 다수가 참여하는 네트워크에 의해 공동으로 관리하니 누구나 믿고 사용할 수 있게 된 것이죠.

　전자적 증표를 화폐로 만들었다는 사실만으로도 비트코인은 혁명적인 존재입니다. 즉 가상자산의 시작은 바로 비트코인입니다.

비트코인　　　　　　　　　　　　　　　　　　　출처: Shutterstock

●●● 비트코인을 소유할 수 있는 방법

비트코인을 갖고 싶다면 새로운 비트코인을 채굴(Mining)하거나, 아니면 이미 채굴된 비트코인을 매수하는 것입니다.

비트코인은 분산형 시스템인 블록체인 기술을 기반으로 생성됩니다. 분산형 시스템에 참여해 가상자산을 채굴하는 사람을 채굴자라고 하는데요, 채굴자가 많은 시간과 노력을 들여 복잡한 수학 문제를 풀게 되면 새로운 거래 기록이 저장된 블록(Block)이 만들어집니다. 그러면 채굴자는 그 보상으로 가상자산을 받게 되지요. 그리고 이러한 일련의 과정을 채굴이라고 합니다.

일반적으로 사람들은 채굴보다는 이미 채굴된 비트코인을 거래소

비트코인 채굴　　　　　　　　　　　　　　　출처: canaan

를 통해 구매하는 방법을 선택하고 있습니다. 비트코인을 채굴하려면 채굴기를 사야 하고, 그 채굴기를 둘 수 있는 공간이 있어야 하며, 그 채굴기를 돌릴 수 있는 많은 전력과 노력이 필요하기 때문입니다. 보상은 크겠지만 상당히 번거롭겠죠.

●●● 비트코인의 중요한 특징

발행할 수 있는 비트코인의 숫자는 전체 2,100만 개로 제한되어 있는데요, 4년마다 공급량이 조금씩 감소해 2040년에는 공급이 멈추도록 설계되어 있습니다. 이는 비트코인 통화량을 임의대로 조절하지 못하도록 한 장치로 비트코인의 중요한 특징이기도 합니다. 이처럼 비트코인은 통화량이 정해져 있고 단일 운영 주체의 통제를 받지 않기 때문에 글로벌 금융위기처럼 경제 상황이 불안할 때는 중앙은행이 발행한 화폐의 대안으로 주목받기도 합니다.

비트코인에 대한 긍정적인 평가는 점점 높아지는 대신 전체 수량은 고정되어 있다 보니 가격이 상승하고 있습니다. 과거 암호화폐 거래소 마운트곡스의 파산이나 중국 인민은행의 거래 금지 그리고 2022년 5월 테라·루나 사태 등으로 잠시 가격이 폭락했음에도 2010년 4월에 14센트였던 1비트코인은 2022년 6월에는 2만 9,000달러를 넘었습니다.

비트코인의 활용 가치

2013년에는 독일이, 2017년에는 일본이 비트코인을 결제 수단으로 인정했습니다. 대한민국은 2018년 5월 대법원에서 피고인의 비트코인을 경제적 가치가 있는 재산으로 보고 이를 몰수하도록 판결을 내린 바 있습니다. 골드만삭스, 바클레이즈 등 글로벌 금융기관들도 자사 시스템 및 서비스의 혁신을 위해 블록체인 기술에 투자하고 있습니다.

그러나 비트코인의 거래량과 거래비용 상승 등을 고려할 때 비트코인이 화폐로 기능하기 어려울 수 있습니다. 그렇다고 사용처가 다양한 것도 아닙니다. 이러한 이유로 일부에서는 비트코인의 가치가 현실과 많이 괴리되었다고 보는 시각도 있습니다. 그럼에도 비트코인은 발행량이 한정되어 있고 위변조가 어려워 '디지털 금'으로서의 가치를 인정받고 있습니다.

●●● 블록체인 2.0 이더리움(Ethereum)

2세대 블록체인의 등장

이더리움은 2015년 러시아 출신 캐나다 개발자 비탈릭 부테린이 개발했습니다. 이더리움은 블록체인 기술을 여러 분야에 접목할 수 있도록 업그레이드한 것으로, 1세대 비트코인에 이은 2세대 블록체인이라고도 불립니다.

이더리움   출처: Ethereum

이더리움이 블록체인 2.0인 이유

1세대 블록체인이라고 하는 비트코인은 블록체인 기술을 최초로 구현해보인 시스템입니다. 금융거래에 블록체인 기술을 접목해 보였죠. 그러나 이더리움은 금융거래뿐만 아니라 그 외의 여러 분야에까지 블록체인 기술을 접목할 수 있습니다. 이더리움이 이렇게 다양한 분야에 접목이 가능한 것은, 코드에 적힌 계약 조건이 만족되면 그 즉시 계약이 성사되는 스마트 계약(Smart Contract)이기 때문입니다.

스마트 계약은 조건이 만족되면 계약이 자동으로 성사되므로 계약 시 계약 상대방의 신뢰도나 보증이나 거래의 안전성 등을 고민할 필요가 없습니다. 스마트 계약의 원칙은 '코드가 곧 법(Code is law)'이기 때문입니다. 과거에 비트코인은 간단한 금융거래만 구현할 수 있었지만 2021년 말부터는 스마트 계약을 할 수 있도록 업그레이드된 탭루트(Taproot)가 활성화되기 시작했습니다.

이더리움의 활용 가치

이더리움은 게임에 활용할 수 있습니다. 크립토키티(암호화 고양이)라는 게임은 고양이 캐릭터를 교배시켜 특별한 품종을 만들면 이더리움을 획득할 수 있습니다.

이더리움은 전자투표에도 활용할 수 있습니다. 어나니머스보팅(익명성 투표)이라는 전자투표 시스템은 현재 프로토콜 개발 단계에 있습니다.

이더리움은 백과사전 제작에도 활용할 수 있습니다. 신뢰할 수 있는 정보와 지식을 모아야 하는 루나(LUNYR)는 콘텐츠가 올라오면 상호 간 검증을 통해 이를 등록하고, 콘텐츠에 대한 보상을 암호화폐로 합니다.

최근 유행하는 NFT(Non-Fungible Token) 거래의 대부분은 이더리움으로 이루어지고 있습니다. 이처럼 이더리움은 블록체인의 가장 매력적인 특징인 활용의 다양성을 구현하기에 매우 적합한 가상자산입니다. 그리고 이렇게 활용도가 높은 가상자산은 계속해서 높은 가치를 인정받고, 수많은 가상자산 중에서 마지막까지 살아남을 수 있습니다.

●●● 스테이블코인(Stable Coin)

가격 변동성을 최소화하도록 설계된 가상자산을 스테이블코인이라고 하는데요, 미국 달러나 유로화 등 법정화폐와 1 대 1로 가치가 고정되어 있습니다. 보통 1코인이 1달러의 가치를 갖도록 설계되어 있습니다. 테더(Tether, USDT) 코인이 대표적인 스테이블코인이며 이외에도 HUSD, PAX, GUSD, USDC 등의 다양한 스테이블코인이 발행되었습니다.

다른 가상자산과는 달리 가치의 변동성이 크지 않아 가상자산 거래나 '디파이(DeFi)' 같은 탈중앙화 금융에 이용됩니다. 대표적인 스테이블코인의 종류로는 테더와 같은 법정화폐 기반의 스테이블코인, 다이(DAI)와 같은 가상자산 기반의 스테이블코인, 테라와 같은 무담보 스테이블코인이 있습니다.

●●● 가상자산의 한계

비트코인을 제외한 다른 모든 가상자산은 알트코인이라고 합니다. 일명 잡코인이라고도 하지요. 이 기준에 따르면 이더리움도 알트코인이 되겠네요.

2022년 4월 기준 전 세계 가상자산 거래소에 상장된 알트코인은

9,400여 종이 넘습니다. 알트코인이 이렇게 많은 이유는 비트코인이나 이더리움의 코드를 복제하는 방식으로 손쉽게 새로운 코인을 만들 수 있기 때문입니다.

세계 가상자산 시가총액의 51%, 거래량의 30%가 비트코인입니다. 하지만 대한민국에서의 비트코인 거래량은 6%에 불과합니다. 나머지 94%는 알트코인이죠. 그리고 그중 3분의 1은 한국에서만 거래됩니다.

가상자산이 장점이 많은 만큼 앞으로도 유용할 것입니다. 하지만 가상자산이 유용하다고 해서 모든 가상자산이 안전하다고 볼 수는 없습니다.

안전한 가상자산에 투자하고자 한다면 가상자산의 기술적 배경, 용도, 발행량, 향후 계획 같은 구체적인 내용이 담긴 백서를 반드시 꼼꼼히 확인해야 합니다. 사업 내용은 일반적인 상식을 벗어나 터무니없는데도 백서에 4차 산업혁명, AI, 블록체인 같은 화려한 수식과 미사여구만 난무한다면 해당 가상자산에 투자하지 않는 것이 좋습니다.

또한 가상자산 거래소 빗썸 이용자가 가장 많이 사들인 코인은 12.4%로 비트코인이 1위, 9.1%로 이더리움이 2위, 8.5%로 리플이 3위를 차지한 것처럼 거래량이 적거나 특정 국가에서만 거래되는 가상자산보다는 전 세계적으로 거래량이 많은 가상자산에 투자하는 것이 좋습니다.

안타깝게도 대한민국은 가상자산 투자를 보호하기 위한 법률이나 제도가 아직까지는 미흡한 상태입니다. 가상자산을 소개하는 전문가들은 가상자산 자체에 관한 면밀한 분석보다는 가상자산의 수익성만 강조합니다. 그러므로 안전한 투자를 하기 위해서는 가상자산에 투자하기 전에 반드시 해당 가상자산에 관한 기본적인 공부를 해야 합니다.

그리고 무엇보다도 '검증받지 않은 기술은 쓰지 않는다'라는 카르다노 암호화폐의 정신이 가상자산업계나 사회 전반에 팽배해야 합니다. 그래야 2022년 5월에 발생한 루나·테라 폭락과 같은 사태를 방지할 수 있습니다.

세계적 석학인 배리 아이켄그린 UC버클리대학교 경제학과 교수와 비스와나트 나트라지 영국 워릭대학교 경영대학원 교수가 공동으로 발표한 「스테이블코인과 법정 디지털 화폐(CBDC): 정책과 규제의 시사점」이라는 보고서에 의하면 비트코인의 가격 변동성이 커질수록 테더의 파산 리스크가 높아지는 것으로 나타났습니다. 비트코인의 변동성을 줄인다는 명목으로 만들어진 스테이블코인이 사실상 그 역할을 하지 못하고 있다는 뜻이지요.

이에 미국 연방준비제도(Fed, 연준)는 스테이블코인의 구조적 결함으로 뱅크런 발생 우려가 있다는 금융안전보고서를 발간했으며, 각국 중앙은행은 스테이블코인을 대신할 중앙은행의 CBDC 연구를 가속화하고 있습니다.

또한 가상자산은 거래의 비밀성이 보장된다는 특성 때문에 비자금 조성·탈세·도박·마약 거래 등의 불법행위의 수단으로 악용되기도 합니다.

●●● 가상자산의 전망

가상자산은 탈중앙화 기술인 블록체인을 활용하므로 정부나 중앙은행의 관리를 받지 않고 거래할 수 있습니다. 그러므로 거래비용이 거의 발생하지 않습니다. 그리고 누구나 계정을 만들 수 있어 통장을 만들 수 없거나, 소액결제이거나, 해외 송금할 때 매우 유용합니다.

비트코인 범죄를 10여 년간 수사해온 미국 전직 여성 검사가 가상자산 투자 펀드 혼벤처스(Haun Ventures)를 이끌기도 하고, 국내 가상자산 거래소 빗썸이 e스포츠 전문기업 '젠지'와 손을 잡고 젠지 선수들에게 계약기간 동안 빗썸 로고가 들어간 유니폼을 입고 활동하도록 하는 등 가상자산에 대한 투자가 활발한 만큼, 앞으로 가상자산 투자 전반이 좀 더 대중적인 정보를 만들어내고 공유할 수 있는 시스템으로 정착된다면 가상자산의 전망은 좋을 것으로 예상됩니다.

●●● CBDC(Central Bank Digital Currency)

    CBDC는 중앙은행과 디지털화폐가 합성된 용어로, 현실 공간에서 사용되고 있는 실제 지폐나 동전을 대체하거나 보완하기 위해서 각국 중앙은행이 발행한 디지털화폐입니다.

    CBDC는 2014년 중국의 중앙은행인 인민은행에서 달러 중심의 국제금융 질서를 재편할 목적으로 연구하기 시작했습니다. 그러다가 2019년에 메타(당시 페이스북)에서 암호화폐 리브라(Libra)를 공개하면서 자국의 금융체계에 위기감을 느낀 세계 각국 중앙은행들이 본격적으로 개발에 뛰어들게 되었습니다. 조 바이든 미국 대통령은 가상자산의 시장가치가 2017년 140억 달러에서 2021년 11월 3조 달러로 폭발적으로 증가한 상황 속에서 소비자와 투자자 보호, 금융 안

CBDC   출처: phemex

정성 등을 위해 미국 CBDC 연구개발을 긴급히 검토하도록 하는 행정명령에 서명했습니다.

CBDC는 중앙은행에서 발행하고 보증한다는 점에서 가상자산보다 안전합니다. 그리고 실제 동전이나 지폐를 디지털화한 것이므로 가상자산보다 가격 변동이 심하지 않습니다. 그리고 블록체인 기술을 적용했으므로 거래 내용을 한눈에 파악할 수 있으며, 정책 목적에 따라 이자 지급, 보유 한도 설정, 이용 시간 조정 등이 가능합니다. 또한 신현송 국제결제은행(BIS) 조사국장에 의하면 CBDC 보급이 확대되면 통화 구조를 단순화하고 국경을 넘는 결제망을 상당히 효율화할 수 있으며, CBDC가 개인정보를 보호하고 데이터 거버넌스를 설계하는 하나의 방법이 될 수 있습니다.

가상부동산에서 NFT는
기본 중 기본이다

NFT의 핵심 가치는 '커뮤니티'입니다. 거래가격이 높다는 비판과 우려를 동시에 받지만, 동일한 취향을 가진 NFT 보유자들끼리 NFT로 모이고 인증하며 그들만의 공간에서 소통합니다.

●●●● NFT는 원본 증명서

NFT(Non-Fungible Token)는 영문 그대로 대체 불가능한 토큰이라는 뜻을 가지고 있습니다. NFT는 가상자산처럼 블록체인 기술을 활용해 생성되지만 각자 고유한 인식 값이 부여되므로 서로 대체가 불가능합니다.

예컨대 비트코인 1개당 가격은 같습니다. 그러므로 거래할 때 첫 번째 코인을 내도 되고, 두 번째 코인을 내도 됩니다. 코인끼리 대체가 가능하니까요. 하지만 코인에 NFT가 적용되면 코인마다 각자 별도의 인식 값이 부여되므로 서로 다른 것이 됩니다. 그래서 첫 번째

NFT 코인을 원하는 자리에, 두 번째 NFT 코인을 낼 수가 없습니다. 대체를 할 수 없으니까요. 그러므로 NFT는 서로 다른 것임을 증명할 수 있는, 각자 유일한 것임을 증명할 수 있는 '원본 증명서'라고도 합니다.

●●● NFT의 등장 배경

2014년에 '퀀텀'이라는 NFT(Non-Fungible Token)가 처음으로 만들어졌습니다. 그 후 2017년 6월 라바랩스(Larva Labs)가 이더리움을 활용해 NFT의 시초인 크립토펑크를 만들었습니다. 이때부터 NFT가 실질적으로 시작되었다고 볼 수 있습니다.

2017년 11월에 출시된 고양이 육성 게임 '크립토키티'에서 게임의 결과물로 고양이 캐릭터인 크립토키티 NFT가 생성되었는데, 이것이 10만 달러가 넘는 가격에 거래가 되기도 했습니다. 그리고 이 사건은 NFT가 대중에게 알려지는 계기가 되었죠.

하지만 이때까지만 해도 각각의 플랫폼에서 생성된 NFT는 해당 플랫폼 안에서만 의미가 있는 존재였습니다. 그러다가 2021년 미국 유명인들이 크립토펑크를 자신들의 트위터 프로필 사진으로 공개하면서 NFT가 본격적으로 대중화되기 시작했습니다.

크립토펑크 　　　　　　출처: 라바랩스 **크립토키티** 　　　　　　출처: Cryptokitties

●●● NFT로 가능한 것들

일론 머스크의 아내인 가수 그라임스가 제작한 NFT 작품이 약 68억 원에, 잭 도시 트위터 공동창업자가 작성한 한 줄짜리 트윗이 33억 원에 팔렸으며, 2021년 3만 원에 분양된 보어드에이프요트클럽 (BAYC)의 원숭이들은 30억 원이 넘는 가격에 거래되었습니다. 그런데 2022년 4월 경매로 나온 잭 도시의 290만 달러짜리 트윗의 최고 응찰 가격이 400만 원이 조금 넘는 수준에 머물러 많은 사람에게 충격을 주기도 했죠.

NBA톱샷은 NBA 경기 장면이나 농구선수 카드 등을 NFT로 만들어서 판매했고, 대한민국 간송미술관에서도 훈민정음 해례본을 NFT로 만들어 판매했습니다. 특히 게임업계는 특정 캐릭터나 게임 아이템을 NFT로 만들어 이용자에게 영구적인 소유권을 부여하기도 하는데요, 위메이드는 블록체인 기반의 게임 생태계를 구축하기 위해 자사 게임 '미르4'에 NFT 요소를 도입했습니다.

'스티브제이&요니피' 패션 브랜드로 세계적인 명성을 떨쳤던 디자이너 스티브제이(정혁서)·요니피(배승연) 부부도 NFT·메타버스 시장에 진출하겠다고 선언했고, LG유플러스는 자사 대표 캐릭터인 '무너'를 NFT로 발행했는데 사전예약으로 나온 무너 NFT 50개가 9분 만에 모두 완판되었습니다. 또한 2022년 5월 매일경제는 NFT 서비스를 미디어에 활용한 사례로 '블록체인허브 다보스 2022'와 '핀버스 룩셈부르크'에 각각 초청되기도 했습니다.

이처럼 NFT는 그림·문자·영상·문화재·게임 캐릭터·게임 아이템 등 다양한 분야에 적용되고 있습니다.

●●•• NFT의 한계

NFT는 관심만 있다면 누구나 만들어낼 수 있습니다. 그리고 수많은 NFT가 출시되고 있습니다. 그러나 현재 고가에 거래되는 NFT는 유명인들이 출시한 작품들이 대다수인데요, 이는 작품 본연의 가치보다는 유명인의 작품이기에 거래되기 때문으로 보입니다. 이런 이유에서일까요, 2022년 3월부터 시작된 미국 연방준비위원회의 고금리 정책으로 위험자산에 대한 회피 심리가 팽배해지면서 NFT의 거래량이 92% 급감했으며, 가격도 급락했습니다.

NFT는 디지털 파일 원본 자체가 아니라 디지털 파일에 붙어서 해당 디지털 파일이 원본임을 증명하는 '증명서'일 뿐입니다. 디지털 파일에 붙어 있는 NFT가 대체 불가능하다는 것이지, 디지털 파일 원본은 얼마든지 복제할 수 있고 그 복제물에 새로운 NFT를 붙여 최초의 원본 NFT라고 주장할 수도 있습니다.

인터넷상에 존재하는 작품을 NFT화하고 싶다면 원작자의 허락을 받는 것이 원칙입니다. 그런데 다른 사람의 작품을 허가 없이 무단으로 NFT화하고 등재한 후 자신이 해당 작품의 원작자라고 주장하는 경우가 있었습니다. 아직은 이러한 무단 도용을 방지할 방법이 없습니다.

또한 NFT 프로젝트 운영자들이 갑자기 프로젝트를 중단하고 투자금을 들고 사라지는 먹튀가 발생할 수도 있습니다. 그러므로 이를 방지하기 위해서는, 투자 시 개발자나 운영진이 실명을 공개하지 않거나 거래량이나 홀더 수가 적으면 의심해봐야 합니다. 단순하게 커뮤니티나 SNS의 평판만을 무조건 믿고 투자하면 안 됩니다. 먹튀를 피하고 싶다면 먼저 개발팀과 투자사 정보를 확인해야 하고, 코드 감사 서비스를 이용해 안전성을 확보해야 하며, 업데이트 등 개발 진행 상황을 확인해야 합니다. 그리고 개인 키를 비공개로 하는 등 해킹에 조심해야 합니다.

실제 그림은 원작자라도 똑같이 다시 그릴 수 없습니다. 그러므로 실제 그림의 경우에는 그림을 그릴 수 있는 저작권보다 해당 그림을 소유할 수 있는 소유권이 중요합니다. 그러나 디지털 파일은 얼마든지 똑같이 복제할 수 있습니다. 그러므로 디지털 파일의 경우에는 똑같은 디지털 파일을 소유할 수 있는 소유권보다는 복제 문제가 있는 저작권이 중요합니다. 그러므로 NFT 거래 이후에는 저작권의 거래를 제한할 필요가 있습니다.

●●● NFT의 전망

기존의 예술작품이 진품으로 인정받으려면 감정인을 고용해야 하고 이에 따른 상당한 비용과 시간이 소모됩니다. 그런데 이렇게 하고도 진품 논란이 생기는 등 그 과정이 굉장히 복잡합니다. 그러나 NFT 기술을 활용하면 매우 간단한 컴퓨터 작업만으로도 확실한 진품임을 증명할 수 있습니다.

게임 아이템 거래에서 NFT는 게임 아이템에 고유성을 부여하고, 아이템이 복사되거나 해킹을 당하더라도 원본이 무엇인지 알게 해주므로 게임 속 경제 체계가 안정적으로 돌아갈 수 있습니다.

NFT 상품이 첫 제작 판매 이후에도 재판매될 때마다 추적 기능을 통해 통상 매매가의 10% 수준을 원작자에게 저작권료로 주는 '재판매 보상 청구권' 개념이 NFT에 광범위하게 적용되고 있습니다.

만약 실존하는 자신의 사진을 NFT로 만들고 싶다면, 디지털카메라로 촬영하거나 아니면 스캐너로 스캔해 디지털 파일을 생성한 후 이 파일에 NFT를 붙이면 됩니다. NFT는 디지털 자산이므로 언제 어디서든지 인터넷을 통해 거래할 수 있습니다. 이처럼 NFT는 생성하기 쉽고 거래하기가 편리하므로 앞으로 다양한 분야에 적용할 수 있을 것으로 예상됩니다.

NFT의 핵심 가치는 바로 '커뮤니티'입니다. 거래가격이 높다는 비판과 우려를 동시에 받기도 하지만, 동일한 취향을 가진 NFT 보유자들끼리 NFT로 모이고, 서로 그것을 인증하며, 그들만의 공간에서 소통합니다.

나만의 NFT 만들기

자신만의 소중한 추억을 NFT로 만들고 싶지 않나요?
그렇다면 이 'QR'을 스캔해보세요.

P2E란 무엇이고
전망과 한계는 어떻게 되나?

게임사들이 향후 양질의 게임 콘텐츠를 개발하고 안정적인 가상자산을 갖춘다면 P2E 시장에서 성공할 수 있을 것입니다. 게임에서 돈을 버는 것도 중요하지만, 게임은 재밌어야 하니까요.

●●● 돈 벌기 위해 게임을 한다! P2E

P2E(Play to Earn)는 '돈을 벌기 위해서 게임을 한다'라는 뜻인데요, 사용자가 게임중 획득한 아이템이나 캐릭터를 현금화해서 돈을 번다는 개념의 게임 방식입니다.

게임사는 현금화를 선호하는 사용자를 위해 블록체인을 도입해서 자체적으로 암호화폐를 발행합니다. 그리고 사용자가 게임중 획득한 아이템을 자신들이 발행한 암호화폐로 환전해줍니다. 그러면 사용자는 그 암호화폐를 암호화폐 거래소에서 현금으로 환전해 돈을 버는 것이죠. 또 다른 방식으로는 게임사는 블록체인을 활용해 특정 고유한 아이템이나 캐릭터를 NFT화 합니다. 그러면 사용자들이 해당 NFT를 서로 거래하면서 시세차익을 볼 수 있습니다.

●●○● P2E로 어떤 것이 있나?

크립토키티

2017년 스타트업 대퍼랩스(Dapper Labs)가 출시한 디앱(DApp) 기반의 게임으로, 고양이를 사서 교배 또는 합성시키고 그러한 고양이를 거래해 돈을 버는 단순한 게임입니다. 이 게임의 특징은 이더리움으로만 고양이를 살 수 있다는 점과 거래되는 고양이에 대한 데이터의 위변조 방지를 위해 블록체인이 적용되었다는 점입니다. 이러한 특징으로 인해 블록체인 게임이라고도 합니다.

크립토키티　　　　　　　　　　　　　　　　　　　출처: Cryptokitties

엑시인피니티

2018년 베트남의 스타트업 스카이마비스(Sky Mavis)가 출시한 수집형 모바일 게임으로, 크립토키티처럼 '엑시'라는 가상의 동물을 교배시켜 새로운 캐릭터가 나오면 이것을 거래해 돈을 버는 단순한 게임입니다. 이 게임을 시작하려면 처음에 엑시 3마리가 필요합니다. 엑시는 이더리움을 비롯한 암호화폐로 거래할 수 있습니다. 2021년 12월 기준으로 구입비용은 약 100만 원 정도였습니다.

엑시인피니티   출처: Axie Infinity

미르4

미르4는 2020년 11월 25일 위메이드(WEMADE)에서 출시한 미르의 전설 시리즈 4번째 작품으로, 문파끼리 보스를 두고 경쟁하는 리니

지라이크 계열 게임입니다. 이 게임이 주목받게 된 것은, 게임중에 획득한 흑철을 드레이코 토큰으로 바꿀 수 있고, 이 드레이코 토큰을 바로 위메이드 측의 암호화폐인 위믹스(WEMIX)로 환전할 수 있으며, 이 위믹스를 업비트나 코빗 같은 가상화폐 거래소에서 현금화할 수 있기 때문입니다.

이러한 환금성 덕분에 동시접속자가 130만 명, 서버는 220개를 돌파했습니다. 제작사인 위메이드의 주가가 2021년 8월 3만 8,000원대에서 그해 12월 24만 5,000원까지 급상승하기도 했습니다. 그러나 대한민국에서는 암호화폐를 주는 P2E 게임은 사행심을 조장한다고 해서 현재는 불법입니다.

P2E의 한계

♥ 게임이 너무 단순해 돈을 내면서 게임을 즐기려는 사용자들에게 외면받을 수 있습니다.

♥ P2E 게임은 사용자 서로가 돈을 벌기 위해 참여하는 것이므로 게임에서 돈을 쓰겠다는 사용자의 유입을 기대하기 어렵습니다.

♥ 돈을 벌기 위해 게임을 하다 보니 사용자들이 목표한 만큼 돈을 벌게 되면 게임에서 빠르게 이탈합니다.

••• P2E의 전망

게임에서 누군가 돈을 번다는 것은 누군가 돈을 잃는다는 것인데요, 돈을 쓰는 사람보다 돈을 벌겠다는 사람이 많으니 이 게임에서 돈을 버는 방법은 딱 한 가지입니다. 게임 참가용 캐릭터를 사려고 신입 사용자가 낸 돈을, 이들보다 앞서 먼저 게임에 참여한 선배 사용자들이 나누어 가져가는 것입니다. 이렇게 밑돌 빼서 위에 자꾸 쌓다 보면 언젠가는 무너지겠죠. 그러므로 돈을 벌기 위해 게임을 한다면 이미 그 게임은 노는 대상이 아니라 노동의 대상이 될 수 있습니다.

그러나 빅테크 기업들이 게임 시장에 본격적으로 뛰어들고 있습니다. 마이크로소프트(MS)는 미국 최대 게임사인 액티비전 블리자드를 687억 달러에 인수했고, 마이크로소프트의 경쟁사인 소니는 36억 달러 규모의 대형 인수·합병하는 등 투자가 활발한 만큼, 게임사들이 앞으로 양질의 게임 콘텐츠를 개발하고 안정적인 가상자산을 갖춘다면 P2E 시장에서 성공할 수 있을 것으로 전망됩니다. 게임에서 돈을 버는 것도 중요하지만, 게임은 본연의 재미가 있어야 하니까요.

디파이(DeFi)란 무엇이고
어떤 것을 할 수 있나?

중앙정부의 규제에서 벗어나려는 욕구가 강해질수록, 투명하고 간편한 거래를 원할수록, 다양한
요구가 많아질수록, 가상세계가 대중화될수록, 디파이에 대한 선호도는 높아질 것입니다.

●●● 탈중앙화 금융, 디파이(DeFi)

디파이(DeFi)는 탈중앙화 금융(Decentralized Finance)의 약자로서, 탈중앙화된 분산 금융 또는 분산 재정이라고도 합니다. 기존 금융기관이했던 역할을 다수가 관리하는 블록체인과 가상자산으로 하겠다는 것을 말합니다.

다시 말해, 디파이(DeFi)는 인터넷 연결만 가능하다면 은행, 신용카드사, 보험사, 증권사 등이 없이도 블록체인 기술을 활용해 예금, 결제, 보험, 투자, 대출, 송금 등 다양한 금융서비스를 이용할 수 있는 환경을 제공합니다.

디파이   출처: coinplug

••• 디파이로 할 수 있는 것들

예대마진, 랜딩 프로토콜

가상자산을 기반으로 돈을 빌려주고 이자를 받는 대출 서비스입니다. 과정을 살펴보면, 맨 먼저 투자자는 거래소에서 디파인코인을 매수합니다. 그다음 해당 코인을 내 지갑으로 가져옵니다. 그리고 거래소에서 매수한 코인을 디파이에 예치해 필요한 사람이 해당 코인을 빌려갈 수 있게 합니다. 그럼으로써 코인에 대한 유동성을 공급하고 그 대가로 이자를 받습니다. 마지막으로 투자자는 이자로 받은 토큰을 팔아서 수익 실현을 하거나, 디파이에 재투자합니다.

단, 디파이는 은행과는 다른 점이 있습니다. 디파이는 익명으로 수

많은 지갑에서 거래가 이루어지는 시스템이기 때문에 코인을 빌려간 사람이 빌려간 코인을 갚지 않아도 그 사람을 처벌하거나 불이익을 줄 수가 없습니다. 이러한 이유로 디파이는 보통 담보대출만 허용합니다. 예를 들면 담보로 100만 원 규모의 이더리움을 예치해야 60만 원 규모의 테더(USDT)나 서클(USDC) 같은 스테이블코인을 대출받을 수 있습니다. 만약에 담보로 맡긴 코인의 가치가 대출금 이하로 하락하게 된다면 디파이는 담보로 맡긴 코인을 경매에 부쳐 대출금을 회수합니다. 경매에 부쳐진 이더리움은 이것을 싸게 낙찰받아 시세차익을 얻으려는 사람들에게 판매됩니다.

합성자산

특정자산의 가격을 추종하는 것을 오라클(Oracle)이라고 하는데요, 특정자산의 가격을 추종하는 토큰을 합성자산이라고 합니다. 예를 들어 100만 원 규모의 금을 추종하는 토큰을 만든다고 가정하면, 먼저 300만 원 가격의 코인을 예치합니다. 그리고 만들어진 100만 원 규모의 금 추종 토큰이 300만 원을 넘기 전까지는 이 가격을 추종하도록 세팅합니다. 그러다가 추종 토큰이 300만 원을 넘으려고 하면 해당 토큰을 청산하지요. 합성자산을 만드는 이유는 이러한 거래에서 나오는 수수료나 이자 같은 것을 받기 위해서입니다. 대표적으로는 디파이 프로토콜인 미러프로토콜에서 미국주식을 추종하도록 테라(Terra)가 그런 코인을 만든 적도 있습니다.

머니레고(Money Lego)

블록체인의 결합성을 활용해 서로 다른 금융서비스들을 활용하는 방식을 말합니다. 수많은 프로토콜들이 서로 합성되면서 또 새로운 서비스가 만들어지는 경우가 많아지고 있습니다.

●●● 디파이의 특징

누구나 계좌를 만들 수 있다

블록체인에서는 암호화폐지갑 하나만 있으면 계좌개설, 공인인증서발급, 시간이나 장소의 제약 등 복잡한 과정을 거치지 않고도 은행이든 증권사든 어디에서든 금융서비스를 편리하게 이용할 수 있습니다. 암호화폐지갑을 만드는데 누구인지, 신용도는 어느 정도인지 묻지 않습니다.

투명하고 간편하다

디파이는 지정된 조건에 따라 거래가 되게끔 미리 설정해놓은 스마트 계약(Smart Contract)에 의해서 운용되는데, 이 스마트 계약은 블록체인 내에 기록됩니다. 그러므로 누구나 이것을 열람하고 잘못된 부분이 없는지를 빠르게 확인할 수 있으며, 조건이 맞으면 자동으로 계약되므로 중재자(회계사, 감사인 등)의 개입이 불필요합니다.

수익률이 높다

디파이는 정부나 은행이나 증권사 등의 개입이 없으므로 세금이나 거래 수수료가 없어 수익률이 은행보다 훨씬 높습니다.

●●● 디파이의 한계

디파이는 기준금리의 변경, 서킷브레이커(Circuit Breaker), 사이드카(Side car), 기관공매도, 입출금 동결 등 각종 규제에서 자유롭습니다. 하지만 자유로운 만큼 보호도 없으므로 금융사고나 암호화폐지갑 분실 등의 위험에 노출될 수 있고 그 책임은 모두 투자자 본인이 져야 합니다.

디파이의 가장 큰 특징은 이자 농사인데요, 바로 예대마진입니다. 그런데 이런 금융시스템이 제대로 작동하려면 유동성이 풍부해야 하는데 그러려면 투자자가 단타 위주의 투자보다는 장기적인 안목의 투자를 해야 하며, 가상자산 예치 대가로 받은 거버넌스토큰 등을 바로 내다 파는 행위를 자제해야 합니다.

스마트 계약(Smart Contract)을 실행하기 위해 모든 법조문을 전부 다 컴퓨터 코드로 만들 수 없는 기술적인 한계도 있는 만큼 꼼꼼하게 따져보고 투자를 해야 합니다.

●●● 디파이의 전망

중앙정부의 규제에서 벗어나려는 욕구가 강해질수록, 투명하고 간편한 거래를 원할수록, 다양한 요구가 많아질수록, 가상세계가 대중화될수록 디파이에 대한 선호도는 높아질 것으로 예상됩니다. 디파이 프로토콜에 고정된 총 가치는 해를 거듭할수록 꾸준하게 증가하고 있습니다.

웹3.0이란 어떤 것이고
특징은 무엇인가?

웹3.0가 주목받기 시작한 것은 2021년에 앤드리슨 호로비츠의 파트너 크리스 딕슨 등이 웹3.0에 대해 "토큰으로 조율되며 빌더와 사용자가 소유하는 인터넷"이라고 말하면서부터입니다.

●●● 탈중앙화 웹, Web3.0

웹3.0을 알아보기 전에 웹(Web)에 대해서 먼저 살펴보면, 웹은 월드와이드웹(World Wide Web)의 줄임말로 인터넷 안에 있는 수많은 정보를 연결해주는 서비스를 말합니다. 거미줄과 같이 연결되었다는 뜻에서 '웹(Web)'이라고 하지요.

웹3 재단(Web3 Foundation)에서 생각하고 있는 '웹3.0'이란, 모든 데이터와 콘텐츠를 블록체인에 등록하고, P2P(Peer to Peer) 분산 네트워크에서 관리 및 액세스하는 공공 인터넷 서비스를 말합니다. 중개자 없이 탈중앙화된 변경 불가능한 웹을 의미하는 것이죠.

세대별 웹생태계 변화

	웹1.0	웹2.0	웹3.0
소통 방식	읽기만 가능	읽기·쓰기	읽기·쓰기·소유
운영 주체	회사·개인	거대 플랫폼	네트워크
인프라	개인컴퓨터	클라우드·모바일	블록체인·메타버스
운영·소유권	탈중앙화	중앙화	탈중앙화

웹3.0 플랫폼 구성	
이용자	플랫폼 내 경제 주체
플랫폼 운영사	운영 주체·일방적 의사결정 불가
게임스튜디오	콘텐츠 공급·수수료 지급
토큰·가상화폐	기축통화
대체불가토큰	아이템 소유권, 플랫폼 의결권

출처: 매일경제신문

1994년부터 2004년까지 이용되었던 웹1.0은 온라인 접속 허가를 받은 후 서로 연결된 컴퓨터의 정보를 검색해서 보는 것이었습니다. 읽기만 가능한 단방향 네트워크였죠. 대표적으로 1990년대를 주름잡던 야후(Yahoo)가 있습니다.

2004년 10월 오라일리미디어사(O'Reilly Media, Inc.)의 대표인 팀 오라일리에 의해 도입된 웹2.0은 사용자 누구나 손쉽게 데이터를 생산하고 인터넷에서 공유할 수 있습니다. 읽기와 쓰기가 모두 가능한 양방향 네트워크죠. 대표적으로 블로그(Blog), 위키피디아(Wikipedia), 딜리셔스(del.icio.us) 등이 있습니다.

웹3.0는 읽고 쓰기는 물론, 생산된 데이터를 중앙 집중화된 서버가 아닌 상호 연결된 장치에 분산저장함으로써 탈중앙화가 가능합니다. 웹3.0은 소수만이 데이터를 독점하는 형태가 아니라 개개인이 직접 데이터를 소유하고 블록체인 기술을 통해 연결하는 게 특징인데 블록체인, 메타버스, NFT는 웹3.0의 확장 수단으로 주목받고 있습니다.

참고로, 개개인이 자신의 데이터를 직접 소유할 수 있다는 웹3.0의 특징을 재빠르게 활용하는 곳은 바로 게임업계입니다. 그동안 플레이어가 게임사에서 아이템을 구매하더라도 해당 아이템의 소유권까지는 가질 수 없었습니다. 그러나 웹3.0을 기반으로 한 게임에서는 플레이어가 게임사에서 구매한 아이템을 플레이어 개인이 소유할 수 있습니다. 그리고 더 나아가 플랫폼 내 다른 게임에서도 그 아이템을 사용할 수 있습니다.

●●● 웹3.0의 등장 배경

웹3.0이라는 개념은 2014년 이더리움의 공동 개발자인 개빈 우드가 처음으로 언급했는데요, 그는 2021년 11월 웹3.0에서는 "상대를 신뢰하지 않아도 투명한 거래가 가능해질 것이고, 진실이 늘어날 것"이라고 했습니다.

그러나 웹3.0가 주목받기 시작한 것은 2021년에 앤드리슨 호로비츠의 파트너 크리스 딕슨 등이 웹3.0에 대해 "토큰으로 조율되며 빌더와 사용자가 소유하는 인터넷"이라고 말하면서부터입니다. 그러나 여전히 일론 머스크 등 일부는 웹3.0에 대해 "과장된 마케팅 개념일 뿐 그 개념이 명확하지 않고 모호하다"는 부정적인 의견을 내비치고 있습니다.

●●● 웹3.0의 한계

모호한 개념

'장래에 웹이 이랬으면 좋겠어'라는 이상적이고 모호한 개념입니다. 그것을 실현하기에 아직까지는 그 개념이 명확하지 않지요. 외국에서는 이제 검증의 단계로 넘어가고 있는데요, 대한민국은 아직 그 단계로 못 넘어가고 있는 상태입니다.

대형 기업들의 저항

웹2.0에 기반을 두고 있는 거대한 기득권층인 페이스북, 구글, 애플 같은 많은 대형 기업의 저항이 있을 것으로 예상됩니다.

익숙해지기까지의 시간

소셜 네트워크에 대항해 만들어진 마스토돈(Mastodon) 같은 분산된 소셜 네트워크가 있는데도 여전히 많은 사람은 페이스북이나 유튜브나 틱톡 같은 소셜 네트워크 안에서 시간을 보내고 있습니다. 사람이 익숙한 것에서 벗어나 새로운 것에 몸담기까지는 오랜 시간이 필요합니다.

NFT 폭락 시

웹3.0은 블록체인이나 메타버스와 더불어 NFT를 확장의 수단으로 삼고 있습니다. 그러므로 NFT가 폭락하면 웹3.0도 휘청거릴 수 있습니다.

●●◦◦ 웹3.0의 전망

안전, 투명, 공평

데이터를 분산저장하므로 디도스 등의 공격을 받아 일부 장치의 데이터가 소실되더라도 다른 장치에 데이터가 남아 있다면 안전하게 복구할 수 있습니다.

또한 블록체인을 기반으로 하므로 데이터의 위변조가 불가능하며, 원본증명(NFT)을 통한 신원 인증 등을 강화할 수도 있습니다.

그리고 플랫폼 운영에 대해 다오(DAO, 탈중앙 자치조직) 구성원의 투표로 투명하고 공평한 결정을 할 수도 있습니다.

내 데이터로 돈을 벌 수 있다

생산된 데이터의 소유권도 특정 플랫폼이 아닌 생산자 자신이 소유할 수 있고 이를 교환하고 판매해 경제적인 수익을 볼 수도 있습니다. 또한 사물인터넷(IOT), 에지 컴퓨팅(Edge Computing), 인공지능(AI), 머신러닝(Machine Learning) 등을 적용해 기계가 사용자의 요구를 잘 이해하고 도울 수 있도록 할 수도 있습니다. 예를 들자면 사용자가 이전에 제안했던 사항이나 검색 기록을 바탕으로 사용자의 환경설정에 맞추어진 검색 결과가 나타나게 하는 것처럼 말이지요.

탈중앙화 자치조직 다오(DAO)란 무엇인가?

여러 가지 많은 장점으로 인해 다오(DAO)는 앞으로 부족한 부분을 개선한다면 다양한 분야에 걸쳐 폭넓게 활용될 것으로 예상됩니다.

●●● 다오(DAO)는 탈중앙화된 자율조직

다오(DAO)는 탈중앙화된 자율조직(Decentralized Autonomous Organization)의 약자로, 계약 내용을 코드에 담고 블록체인 네트워크를 통해 참여한 다수의 당사자가 의사결정하는 구조입니다. 다오는 참여당사자에게 투자 현황, 분배 방법, 운영 과정의 기본코드까지 모두 투명하게 공개합니다. 다오는 별도의 최고 관리자나 중앙 조직이 없습니다. 지분을 가진 참여자들이 블록체인으로 연결되어 있지만 서로 누구인지도 모릅니다. 그러나 공동의 목표 달성을 위해 집단적 의사결정을 한다는 점에서 탈중앙화된 자율조직입니다.

다오

●●● 다오(DAO)의 등장 배경

다오(DAO)는 2016년 3월에 이더리움의 창시자 비탈릭 부테린에 의해 처음으로 알려졌습니다. 하지만 이때 다오의 코드는 완벽하지 않았고, 해커집단에 의해 해킹을 당해 5,000만 달러 이상의 이더리움을 도둑맞았습니다. 이로 인해 이더리움과 다오의 평판은 곤두박질쳤고, 심지어 이더리움 네트워크마저 둘로 갈라지게 되었죠. 이후 다오에 대한 관심은 시들해졌는데요, 최근 들어 여러 프로젝트의 자금조달 방식 중 하나로 다시금 주목받고 있습니다.

••• 다오(DAO)로 한 것들

헌법다오

2021년 11월에 경매로 나온 미국 헌법 초판본을 인수하기 위해 '헌법다오(Constitution DAO)'가 결성되었습니다. 처음 계획은 약 4,000만 달러 상당의 이더리움을 모으는 것이었으나, 모금 결과 단 며칠 동안 약 1만 7,000명으로부터 약 4,000만 달러 상당의 이더리움을 모았습니다. 그런데 아쉽게도 근소한 차이로 낙찰에는 실패했습니다.

국보다오

2022년 1월 간송미술문화재단이 경매에 내놓은 국보 금동불감과 석가삼존불입상 2점을 낙찰받기 위해 클레이튼(KLAY) 기반의 '국보다오(National Treasure DAO)'가 결성되었습니다. 다오가 결성된 적이 없었던 대한민국에서 '국보다오'는 의미 있는 프로젝트로 주목을 받았는데요, 하지만 경매에는 참여하지 못했고 해당 국보 역시 유찰되었습니다. 그런데 같은 해 2월에 '헤리티지다오(Heritage DAO)'라는 외국 가상자산 투자자 모임이 앞서 유찰되었던 국보 2점을 낙찰받았습니다. 이후 '헤리티지다오'는 낙찰받은 금동불감을 재단에 영구 기탁하고, 소유권의 51% 지분을 기부하기로 했습니다.

우크라이나다오

2022년 3월 전쟁 상황으로 힘든 우크라이나를 돕기 위해 투자 단체 '플리스르다오(Plesr DAO)', NFT 스튜디오 '트리피 랩스', 러시아 예술단체 '푸시 라이엇'의 회원들이 '우크라이나다오'를 공동 설립했습니다. '우크라이나다오'는 우크라이나 국기 이미지를 활용한 NFT를 발행하고, 모은 기부금으로 그 NFT를 구매할 계획입니다. 만약 '우크라이나다오'가 경매에서 해당 NFT를 낙찰받게 된다면 기부 참여자들에게 기부액에 비례하는 $LOVE토큰(ERC-20)을 증정할 예정입니다.

가치관 공유

최근에 생긴 다오(DAO)의 경우에는 단순한 금전거래가 아닌 가치관을 공유하기 위해 결성되기도 하는데요, '더트(Dirt)'는 기자 2명이 결성한 다오로 NFT를 팔아 수익을 창출합니다. 더트는 '콘텐츠를

Dirt DAO   출처: Dirt

직접 만드는 창작자가 창작물에 대한 모든 권리를 보장받아야 한다'는 철학을 가지고 있습니다. 창작자가 자신이 가지고 있는 가치를 NFT로 발행하면 그 가치를 인정하는 고객이 NFT를 구매하고, 그 후 창작자가 가치 있는 활동을 하게 되면 그로 인해 NFT의 가치가 상승해 고객이 이익을 볼 수 있다는 논리입니다.

●●●● 다오(DAO)의 한계

해킹에 속수무책

다오(DAO)는 블록체인을 기반으로 하고 있습니다. 블록체인의 특징은 한번 기록된 데이터는 다시는 변경되지 않는다는 것입니다. 이런 점은 데이터의 위변조가 어렵다는 장점이 될 수 있으나, 해킹을 당했을 때는 해킹을 방어하도록 데이터를 수정할 수 없어 해킹당하는 것을 속수무책으로 지켜볼 수밖에 없습니다.

인터넷 투표 시스템 구축의 어려움

다오(DAO)에서 하고자 하는 인터넷 투표는 암호학의 꽃입니다. 그러나 공격받을 수 있는 부분이 많아 기술적으로 인터넷 투표 시스템을 만드는 게 굉장히 어렵습니다.

지분이 많은 사람들에게 권리 집중

다오(DAO)가 추구하는 것은 탈중앙화된 거버넌스 메커니즘을 통해 여러 사람이 참여하고 그들의 다양한 의견을 수렴하는 것입니다. 그러나 지분에 비례해 의결권을 갖게 되면(지분증명) 지분이 많은 사람에게 권리가 집중되어 탈중앙화의 의미가 퇴색될 수 있습니다.

판단 미스의 가능성

대중에게 전문적인 지식이 필요한 의사결정을 맡기게 되면 좋지 못한 결과를 얻을 수도 있습니다. 민주주의가 항상 올바른 판단을 보장하지는 않으니까요.

법률과 제도의 미비

새롭게 대두되고 있는 개념인 만큼 앞으로 이를 뒷받침해줄 법률과 제도가 필요합니다.

●●● 다오(DAO)의 전망

혁신적인 의견

다오(DAO)는 계층 구조가 없으므로 투자자 누구라도 혁신적인 의견을 제안할 수 있고, 그 의견을 조직 전체가 고려해볼 수 있습니다.

분쟁의 소지를 미연에 방지

다오(DAO)는 모든 투자자가 조직에 가입하기 전에 작성된 일련의 규칙을 이미 알고 있고 투표권까지 가질 수 있으므로 분쟁의 소지가 적습니다.

효과적이지 않은 제안이 자제됨

다오(DAO)는 투자자가 의견을 제안하려면 일정한 금액을 내야 하므로 효과적이지 않은 제안을 자제합니다.

자금 관리의 투명성

다오(DAO)는 모든 규칙과 모든 거래 내용이 모두 블록체인에 기록되기 때문에 자금이 어떻게 사용되는지 추적할 수 있어 투명합니다.

이러한 장점으로 인해 다오(DAO)는 앞으로 부족한 부분을 개선한다면 다양한 분야에 걸쳐 폭넓게 활용될 것으로 예상됩니다.

일론 머스크의 동생 킴벌 머스크가 인본주의적인 목적을 위한 다오를 설립하자 일론 머스크가 자신의 트위터에 "나는 이거 헛소리(bull shit)라고 생각해"라고 적었다고 하네요.

탈중앙화 애플리케이션인
디앱(DApps)이란 무엇인가?

디앱은 거래 기밀, 저작권, 상표권, 특허 등의 부담이 없으므로 다른 사람이 이룩한 결과를 모두가
공유하고 이용할 수 있습니다. 그런 점에서 본다면 디앱의 활용 가치는 높다고 할 수 있습니다.

●●● 디앱(DApps)은 탈중앙화된 애플리케이션

디앱(DApps)이란, 중앙서버 대신 블록체인을 활용해 네트워크상 정보를 분산저장하고 구동하는 애플리케이션(Application)을 말합니다. 디앱은 탈중앙화가 핵심입니다. 그리고 이것이 가능하기 위해서는 다음과 같은 3가지가 필요합니다.

첫 번째는 블록체인입니다. 정보를 중앙서버가 아닌 체인으로 연결된 수많은 블록에 분산저장할 수 있어야 탈중앙화가 가능하기 때문입니다.

두 번째는 스마트 계약(Smart Contract)입니다. 계약할 때 중앙관리인,

검증인, 중개인 등이 없어야 탈중앙화가 가능합니다. 스마트 계약은 상대방의 신뢰도나 보증이나 거래의 안전성 등을 고민할 필요 없이 코드에 적힌 계약 조건이 맞으면 그 즉시 계약이 성사되죠.

세 번째는 스마트 계약이 가능한 블록체인이어야 합니다. 이더리움처럼요. 일반 앱이 서버를 이용하려면 개인정보를 입력해 계정을 만들고 로그인만 하면 됩니다. 하지만 디앱은 계정을 만들 때, 암호화폐를 저장하고 거래하기 위한 블록체인 지갑을 가지고 있어야 합니다. 예를 들어 이더리움 블록체인을 활용하려면 메타마스크라는 이더리움 지갑을 만들어야 하고, 서비스를 이용할 때마다 메타마스크 인증을 해야 합니다.

Apps, DApps의 차이

출처: BTCC

●●○ DApps의 역사적 배경

디앱은 이더리움 블록체인으로 인해 널리 알려지게 되었습니다. 그러나 디앱이 반드시 블록체인으로만 운영이 가능한 것은 아니었습니다.

개인이 가지고 있는 음악파일(MP3)을 인터넷을 통해 안정적으로 공유할 수 있게 해주는 냅스터(Napster), 인터넷을 통해 세계 곳곳의 사용자와 파일을 공유할 수 있는 비트토렌트(Bit Torrent), 일반적인 회사나 조직에서 관리되지 않고 개별의 운영자들이 관리하는 수많은 서버로 이루어진 네트워크 서비스 토르(Tor)는 블록체인으로 운영된 디앱이 아닙니다.

오늘날 디앱이란 블록체인에서 구동되는 탈중앙화 애플리케이션을 말하는 것으로, 디앱은 스마트 계약(Smart Contract)이 도입되면서 생겨났습니다. 전 세계 디앱 중 대부분이 이더리움을 기반으로 하는 블록체인에서 구동되고 있으며, 그 다음으로는 이오스와 트론을 기반으로 한 블록체인에서 구동되고 있죠.

참고로 이더리움은 디앱상에서 거래가 발생하면 그때마다 사용자에게 가스(Gas)라는 수수료를 부과합니다. 이에 반해 이오스는 디앱 개발자가 비용을 부담하므로 사용자에게는 별도의 수수료를 청구하지 않습니다.

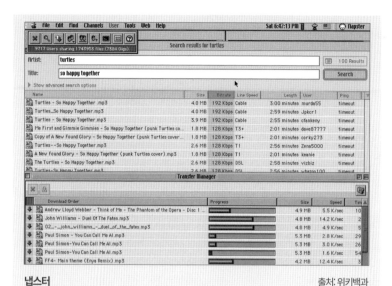

냅스터   출처: 위키백과

토르   출처: 한국전화결제산업협회

●●● 다양한 디앱(DApps)

탈중앙화 거래소(Decentralized Exchanges, DEXs)

탈중앙화 거래소는 중계자 대신 스마트 계약을 활용해 거래소 해킹이나 자금의 도난 위험을 감소시킵니다. 탈중앙화 거래소의 모든 거래는 P2P(Peer to Peer)로 진행되며, 자금은 사용자의 지갑으로 바로 들어갑니다. 대표적인 탈중앙화 거래소로는 유니스왑(Uniswap), 스시스왑(SushiSwap), 커브(Curve), DODO, 방코르(Bancor) 등이 있습니다.

좀 더 정교한 합성자산 거래소로는 신세틱스(Synthetix), 헤직(Hegic), 오핀(Opyn), 이레이저(Erasure), MCDEX 등이 있습니다.

대출(loan)

탈중앙화 대출 디앱은 암호화폐를 담보로 걸고 일정 금액을 대출받거나, 혹은 다른 담보를 제공하고 암호화폐를 대출받는 방식으로 작동합니다. 대표적인 디앱에는 컴파운드(Compound)와 아베(Aave)가 있습니다.

수익 농장(Yield-farming)

수익 농장 디앱은 디앱에 가상화폐를 예치하고 수익을 버는 방식으로 작동됩니다. 실질적으로 펀드매니저 대신 스마트 계약으로 자산을 관리합니다. 대표적인 디앱에는 연 파이낸스(Yearn Finance), 하베

스트 파이낸스(Harvest Finance), 피클 파이낸스(Pickle Finance), 셋 프로토콜
(Set Protocol)이 있습니다.

디앱(DApps)의 한계

구축의 어려움

디앱은 블록체인을 기반으로 합니다. 블록체인의 특성상 한번 저
장된 데이터는 잘못된 부분이 발견되었다고 해서 수정을 할 수 없습
니다. 그러므로 디앱을 설계할 때부터 실수가 없도록 철저해야 합니
다. 그렇지 않으면 엄청난 대가를 치를 수 있습니다.

익숙하지 않은 언어

디앱은 솔리디티(Solidity)라는 프로그래밍 언어로 만드는데, 이 언
어는 일반적으로 사용하는 프로그래밍 언어가 아니며, 그래서 그런
지 배우기가 매우 어렵다고 합니다.

비싼 사용료

디앱에서 거래하려면 네트워크 거래 수수료를 내야 하는데요, 수
수료는 이더리움의 자체 가격 단위인 가스(Gas)로 계산하고 이더리
움으로 결제합니다. 단순한 P2P 거래는 비용 부담이 적지만 탈중앙

화 거래소의 토큰 스왑과 같은 P2C(Peer to Contract) 거래에서는 비용 부담이 클 수 있습니다.

느린 속도

디앱은 일반 앱보다 처리 속도가 느립니다. 네트워크의 처리량 능력은 초당 약 15건 정도로 중앙 집중형 앱보다 한참 떨어지죠. 사용량이 네트워크의 체결 능력을 초과하면 블록체인이 혼잡해지고, 체결거래 비용과 시간은 더 증가하게 됩니다.

위험한 코인

검증되지 않은 위험성이 높은 코인들이 DEX에 공개되고 사용될 수 있습니다. 사기 행각과 계획이 있을 수 있습니다. 그러므로 새로운 코인을 거래할 때는 개발 백서나 개발자 트위터 또는 채널 등을 방문해 충분히 검토해야 합니다.

●●● DApps의 전망

다운 시간(downtime) 제로

블록체인으로 앱을 구동할 때 가장 큰 장점은 블록 중의 하나가 없어지거나 다운되어도 나머지 블록이 여전히 기능을 하므로 다운된 블록의 작업을 이어받아 계속 업무를 수행할 수 있다는 겁니다. 이 방법을 통해 앱의 핵심인 스마트 계약이 블록체인에서 구동되면 네트워크가 살아 있는 한 앱은 장애 없이 운영됩니다.

안전

디앱은 중앙서버가 아닌 체인으로 연결된 수많은 블록에 분산저장하고 구동하는 탈중앙화된 앱이므로 디도스(DDoS) 공격, SQL 주입, XML bomb, 크로스-사이트 스크립팅(Cross-Site Scripting) 같은 보안 위협에도 안전합니다.

프라이버시

사용자는 개인 신원 정보 공개나 제공 없이도 가상자산 지갑만 사용해 디앱을 이용할 수 있습니다.

투명성

디앱은 개방적이고 투명한 블록체인으로 구동되므로 소스 코드와 모든 거래를 포함한 데이터도 투명하게 공개됩니다. 그러므로 디앱 코드는 언제든 누구라도 검토하고 감시할 수 있습니다.

디앱은 이처럼 장점들이 많습니다. 그리고 디앱의 여러 가지 한계도 극복하기 어려운 것이라기보다는 시간이 지나면서 충분히 개선

될 수 있는 것입니다.

디앱은 일반 앱과 다르게 완전히 개방되어 있고, 대부분 제어 주체가 없어 접근하는 데 허가가 필요 없습니다. 디앱은 거래 기밀, 저작권, 상표권, 특허 등의 부담이 없으므로 다른 사람이 이룩한 결과를 모두가 공유하고 이용할 수 있습니다. 그런 점에서 본다면 디앱의 활용 가치는 높다고 할 수 있습니다.

가상부동산 플랫폼은 아주 많습니다. 수많은 가상부동산 플랫폼 중에서 가장 수익률이 높은 플랫폼에 투자하고 싶다면 그 수익 모델을 꼼꼼하게 분석해야 합니다. 수익 모델이 다양하고 현실성이 있어야 합니다. 그래야 수익률이 높으면서 안전하고 지속적인 투자가 가능합니다.

2장

가상부동산의
수익 모델을 파악하자

Virtual Real Estate Profit Model

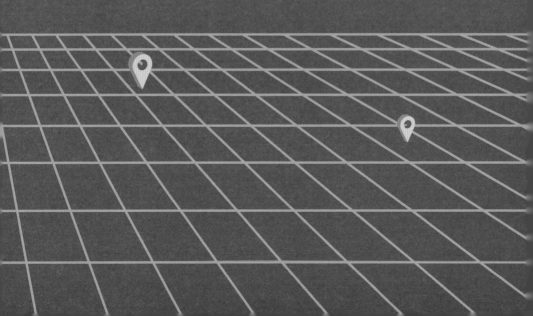

트윈코리아(Twinkorea)
- 국내, 현실세계 반영, 실물경제 연동

트윈코리아의 셀을 획득하는 방법은 크게 2가지입니다. 첫 번째는 트윈코리아에 청약해 셀을 분양받는 것입니다. 두 번째는 청약 이후 분양받은 셀을 P2P 거래소를 통해 구매하는 것입니다.

●●● 트윈코리아의 특징

트윈코리아는 현실 공간에서 실제로 영업하고 있는 식당과 상점들을 가상공간에 그대로 구현한 메타버스 플랫폼입니다.

트윈코리아는 가상세계와 현실세계의 상가가 결합해 서로 상생하는 실물경제 연동형 플랫폼입니다. 사용자(User)는 실제 식당에서 식사하기 전에 3차원 가상 식당에 방문해 식재료와 요리 과정을 체험해볼 수 있습니다. 또한 사용자는 실제 관광지에 방문하기 전에 3차원 가상 관광지를 방문해 해당 지역의 문화를 체험해볼 수 있습니다. 고향 방문이 현실적으로 어려운 사용자는 가상공간 내에서 고향

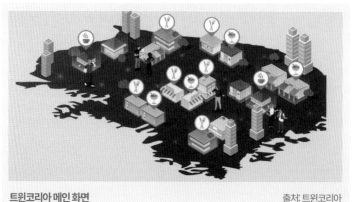

트윈코리아 메인 화면   출처: 트윈코리아

을 방문해 과거의 행복했던 추억을 되새길 수도 있습니다.

트윈코리아는 대한민국을 가상공간에 총 100만여 개의 셀(Cell)로 나누어놓았는데요, 셀의 최소 단위는 1만㎡(약 3,000평)에 해당합니다. 그리고 그 셀 안에는 현실에서 실제로 영업하고 있는 식당과 상점들이 그대로 구현되어 있습니다.

●●● 어떻게 수익을 낼까?

트윈코리아는 셀 소유자(Cell Owner), 사용자(User), 식당(Restaurant)과 상점(Store)으로 구성되어 있는데요, 이들이 수익을 내는 구조는 오른쪽 페이지의 그림과 같습니다.

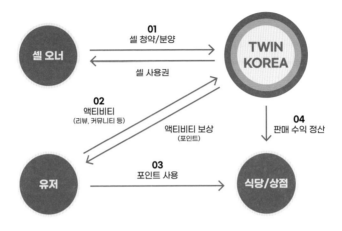

트윈코리아 수익구조

01 셀 청약/분양

셀 사용권

02 액티비티 (리뷰, 커뮤니티 등)

액티비티 보상 (포인트)

03 포인트 사용

04 판매 수익 정산

셀 오너

TWIN KOREA

유저

식당/상점

출처: 트윈코리아

셀 소유자(Cell Owner)

셀 소유자(Cell Owner)는 트윈코리아 내에서 셀을 배타적으로 독점합니다. 셀 소유자는 셀 안에 있는 식당과 상점의 다양한 광고나 마케팅을 유치해 수익을 낼 수 있습니다.

또한 셀 소유자는 셀 내 가상공간을 쇼핑몰, 전시장, 공연장, 갤러리, 놀이 공간 등으로 개발해 운영수익을 벌 수 있습니다. 셀 소유자는 추후 셀의 가치가 상승하면 P2P 거래소를 통해 셀을 팔아 시세차익도 얻을 수 있습니다.

사용자(User)

사용자는 트윈코리아 내 식당과 상점의 사용자입니다. 사용자는 식당이나 상점을 이용하면서 리뷰 작성, 영수증 인증, 결제, 커뮤니티 활동 등을 하고 실제 식당과 상점에서 사용할 수 있는 포인트를 획득할 수 있습니다.

식당, 상점(Restaurant, Store)

식당과 상점은 그들을 이용하는 사용자(User)를 통해 고객에게 홍보를 하고, 고객과의 소통도 할 수 있습니다. 또한 사용자가 사용한 포인트를 정산받을 수 있습니다. 식당과 상점은 트윈코리아를 통해 홍보 효과와 수익을 창출할 수 있습니다.

●●● 분양가와 실제 거래가격은 얼마?

트윈코리아의 전국 셀 분양가는 셀이 위치한 공간의 행정구역이 '동'이면 셀 1개(약 3,000평)당 10만 원이고, '읍·면·리'이면 셀 1개(약 3,000평)당 1만 원입니다.

트윈코리아는 셀 소유자가 셀을 다른 사람에게 매도할 수는 있습니다. 그러나 아직은 거래할 수 있는 플랫폼이 구축되지 않아 실제 거래가격이 형성되어 있지는 않습니다.

●●● 어떻게 거래할까?

트윈코리아의 셀을 획득하는 방법은 크게 2가지로 나누어볼 수 있습니다.

첫 번째는 트윈코리아에 청약해 셀을 분양받는 것입니다. 두 번째는 청약 이후 분양받은 셀을 P2P 거래소를 통해 구매하는 것입니다. P2P 거래소에서 셀이 거래되면 트윈코리아는 그 거래 내용을 파악하고 있습니다.

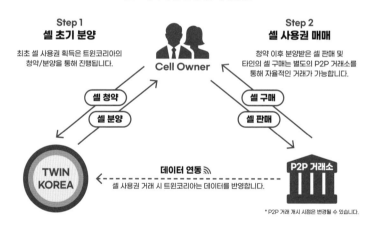

트윈코리아의 셀 분양 및 거래방법

출처: 트윈코리아

●●● 향후 계획은?

　2022년 5월에 초기 서비스(버전 1.0)를 정식 오픈했습니다. 같은 해 6월에는 리조트, 레스토랑, 박물관, 기업 사무실 등 건물을 건축할 수 있는 가상 건축 기능을 추가했으며, 리뷰 및 활동을 통해 적립한 포인트를 네이버페이 포인트 5,000원권과 교환할 수 있는 포인트샵을 오픈했습니다. 향후 순차적으로 전국 셀을 분양할 계획입니다.

트윈코리아 향후 일정

2022. 1Q
셀 CELL
분양 시작

2022. 2H
P2P거래소 오픈 및
메타버스 플레이 공간 제공

2022-
미국·중국·일본·유럽 등
해외 시장 진출 시작

TWINKOREA
현실과 가상의
무한한 확장

2021. 12
셀 CELL
청약 시작

2022. 1H
정식 서비스 시작 및
3D 공간 개발 기능 오픈

2022-
뷰티, 병원, 숙박, 교육 등
업종 확대 시작

출처: 트윈코리아

트윈코리아, 어떻게 이용하지?

트윈코리아가 궁금하세요? 그렇다면 이 QR을 스캔해보세요. 아주 쉽게 이용할 수 있습니다.

오픈메타시티(Open Meta City)
- 국내, 현실세계 반영, 실물경제 연동

오픈메타시티의 모든 아파트이 분양가는 무료입니다. 오픈메타시티에서는 청약해서 가상 아파트를 분양받습니다. 오픈메타시티에서의 아파트 소유자는 NFT를 매도할 수 있습니다.

●●●● 오픈메타시티의 특징

오픈메타시티는 현실 공간에 실제로 존재하는 아파트를 가상공간에 반영하고 이것에 청약해 분양받는 메타버스 플랫폼입니다.

현실 공간의 진짜 아파트 주인은 좀 당황스럽겠네요. 자신의 아파트가 자신도 모르게 가상세계에서 거래되고 있다니 말입니다.

오픈메타시티는 NFT를 도입한 메타버스입니다. 청약 신청인이 오픈메타시티 내의 가상 아파트에 당첨된 후 NFT 등기를 완료하면 해당 아파트의 소유권을 갖게 됩니다. NFT란 유일한 것임을 증명할 수 있는 '원본 증명서'입니다.

오프메타시티 메인 화면
출처: 오픈메타시티

오픈메타시티는 실물경제 연동형 구조로, 오픈메타시티 내 아파트의 가격은 현실 공간에 있는 실제 아파트의 가격 등에 따라 변동됩니다. 그러므로 오픈메타시티 내 아파트에 청약할 때는 청약 대상끼리 실제 아파트의 실거래가, 가상 아파트의 분양가, 분양 세대수 등을 서로 비교해보는 게 좋습니다.

●●● 어떻게 수익을 낼까?

오픈메타시티에서 수익의 원천은 임대수익과 시세차익입니다. 오픈메타시티의 가상 아파트는 청약해 당첨되면 NFT를 등기해야 하는데요, 이 NFT를 등기해 가지고 있으면 당첨된 아파트에 가상 입주민이 자동으로 배치되고 당첨인에게 매일매일 임대수익을 지급해 줍니다. 단, 당첨인은 매일 오픈메타시티에 접속해서 '지급받기' 버튼을 클릭해야 합니다.

처음에 가상 아파트의 기본등급(1~4등급)은 현실세계의 실거래가에 따라서 결정되고 그로 인해 수익이 달라지지만, 이후에는 NFT 거래소에서의 거래가격과 빌드 콘텐츠(Build Content)에 따라서 등급이 더 여러 단계로 나누어지고 이에 따라 수익도 크게 달라질 예정입니다.

오픈메타시티 수익구조

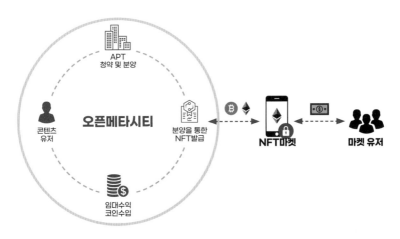

출처: 오픈메타시티

분양가와 실제 거래가격은 얼마?

오픈메타시티의 모든 아파트의 분양가는 무료입니다. 오픈메타시티에서의 아파트 소유자는 NFT를 매도할 수 있습니다. 그러나 아직은 거래할 수 있는 플랫폼이 구축되지 않아 실제 거래가격이 형성되어 있지는 않습니다.

그럼 어떻게 거래할까?

오픈메타시티에서 아파트를 소유하는 방법은 청약해서 가상 아파트를 분양받는 것입니다.

아파트를 분양받는 방법은 매우 간단한데요, 오픈메타시티 홈페이지에 회원 가입을 한 후 7일 동안 계속 출석하면 청약권 110장을 받을 수 있습니다. 그러면 이것을 가지고 청약을 하면 됩니다.

오픈메타시티의 아파트 분양 프로세스

| 회원가입
및 로그인 | 출석체크
및 친구초대 | 청약신청 | 당첨자
발표 | NFT발급 | 임대수익
발생 | NFT
마켓오픈 |

출처: 오픈메타시티

130

●●● 향후 계획은?

현재 오픈메타시티는 서울특별시 25개 구에 대한 청약을 진행하고 있습니다. 플랫폼이 완성되어 안정화되려면 기간이 필요할 것 같습니다. 앞으로 오픈메타시티는 임대와 매매 기능을 추가할 예정이라고 합니다. 아직까지는 오픈메타시티 내 아파트를 분양받아도 수익은 발생하지 않는 단계입니다.

오픈메타시티, 어떻게 이용하지?

오픈메타시티가 궁금하세요? 그렇다면 이 QR을 스캔해 보세요. 아주 쉽게 이용할 수 있습니다.

캐시존랜드(CASH ZONE LAND)
- 국내, 현실세계 반영, 실물경제 연동

캐시존랜드의 핫플레이스는 구좌로 분양을 받는데요, 모든 구좌는 1구좌당 1만원입니다. 결제 완료 시 결제한 구좌 수만큼 소유권이 인정됩니다. 랜드 소유자는 NFT를 매도할 수 있습니다.

●●● 캐시존랜드의 특징

캐시존랜드는 현실 공간과 동일한 위치에 있는 가상부동산을 활용한 전자전단지 광고 플랫폼으로, 상품광고를 위해 가상세계와 가상부동산을 활용한다는 점에서 메타버스 플랫폼입니다.

캐시존랜드는 가상부동산이긴 하지만 현실 공간의 실제 위치, 실제 유동 인구 등과 연동되어 있습니다.

캐시존랜드에서는 CashZone 토큰(CASHZ)을 사용해 랜드 소유자나 회원에게 보상을 지급합니다. 광고주가 광고비용을 지급할 때도 사용하죠. CashZone 토큰은 광고주의 비용 지급, 광고 열람자 정보,

랜드 소유자에 관한 보상 과정, 플랫폼 수수료의 흐름 등을 투명하게 공개하고 안전하게 보관하기 위해 블록체인을 적용했습니다.

캐시존랜드 메인 화면   출처: 캐시존랜드

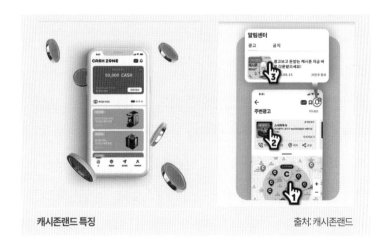

캐시존랜드 특징   출처: 캐시존랜드

••• 어떻게 수익을 낼까?

캐시존랜드의 수익구조는 광고비용을 지급하는 광고주(소상공인이나 기업), 자신의 가상부동산에 광고를 유치하는 랜드 소유자, 그리고 가상부동산에 게시된 광고를 보는 일반회원으로 되어 있습니다. 구체적인 내용은 다음과 같습니다.

소상공인/기업 광고주

소상공인이나 기업은 캐시존랜드에 광고비용을 지급합니다. 그리고 자신의 매장 인근에 있는 일반회원이나 자신이 원하는 장소에 있는 일반회원에게 광고를 보냅니다. 원하면 지역별, 성별, 연령대별, 시간대별로 타깃 광고도 가능합니다.

인쇄 비용과 배포 비용이 들어가는 종이 전단지보다 저렴하고, 적시 적소에 효과적으로 광고를 할 수 있습니다.

랜드 소유자

캐시존랜드 부동산을 분양받으면 랜드 소유자가 됩니다. 랜드 소유자가 수익을 내는 방법은 다음과 같이 여러 가지가 있습니다. 첫 번째 방법은 부동산 인근에 있는 일반회원이 자신에게 배포된 전자 전단지 광고를 보는 것입니다. 그러면 부동산을 가지고 있는 랜드 소유자에게 캐시가 적립됩니다. 두 번째 방법은 랜드 소유자도 일반

회원처럼 광고를 보는 것입니다. 그러면 랜드 소유자도 캐시를 적립할 수 있습니다. 세 번째 방법은 소유권 매매를 통해 시세차익을 얻는 것입니다.

광고 확인 시마다 쌓이는 캐시는 매월 지급되는데, 1만 단위로 현금화할 수 있습니다. 1캐시는 1원입니다.

일반회원

일반회원은 '캐시존 모바일'에서 자신에게 배포된 광고를 보기만 하면 캐시를 적립힐 수 있습니다. 캐시는 1만 캐시 단위로 현금화할 수 있습니다.

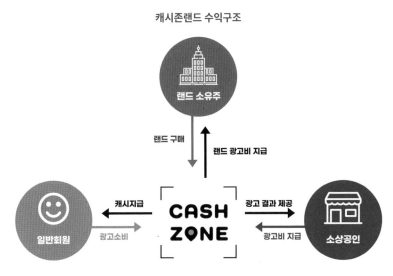

캐시존랜드 수익구조

출처: 캐시존랜드

●○○ 분양가와 실제 거래가격은 얼마?

캐시존랜드의 핫플레이스는 구좌로 분양을 받는데요, 모든 구좌
는 1구좌당 1만 원입니다. 결제 완료 시 결제한 구좌 수만큼 소유권
이 인정됩니다.

캐시존랜드의 랜드 소유자는 NFT를 매도할 수 있습니다. 그러나
아직은 NFT를 거래할 수 있는 플랫폼이 구축되지 않아 NFT의 실
제 거래가격은 형성되어 있지는 않습니다. 이에 반해 캐시존 토큰이
2022년 5월 23일 멕시 글로벌(MEXC Global) 거래소에 상장되어 토큰으
로는 수익을 볼 수 있습니다.

캐시존 토큰 2022년 5월 23일 상장가는 0.02279USDT였습니다.
2022년 8월 7일 현재가는 0.00858USDT로 하락한 상태입니다.

●○○ 어떻게 거래할까?

랜드는 언제든지 NFT화해 캐시존랜드 거래소나 P2P(Peer to Peer)
환경에서 자유롭게 거래할 수 있습니다. 캐시존랜드는 블록체인을
적용한 메타버스 플랫폼입니다. 그러므로 광고주의 비용 지급, 광고
열람자 정보, 랜드 소유주의 보상 과정, 플랫폼 수수료의 흐름 등이
투명하게 공개되며, 위변조의 가능성이 매우 낮습니다.

캐시존랜드 거래방법
출처: 캐시존랜드

●●● 향후 계획은?

📍 2022년 1분기: 메인 웹사이트 공개, 1R 공개 및 랜드 구매자 모집, CashZone 랜드 1차 사전 분양, CashZone 랜드 2차 사전 분양, CashZone 랜드 3차 사전 분양

📍 2022년 2분기: CashZone 랜드 백서 1.0 발간, CASHZ토큰 최초 발행, Audit Report 발행, CashZone 모바일 APP 출시, Legal Review 발행, CASHZ토큰 1차 세일, 랜드 추가 개설

📍 2022년 3분기: CashZone 랜드 거래소 오픈, 쟁글신용도평가 (Xangle Credit Report) 수검, 랜드 추가 개설, Land 전면 NFT화, 기술 백서 발간

- 2022년 4분기: CashZone Mall 출시, 소상공인 매장 제휴, 신규 파트너십 유치
- 2023년 1분기: 해외시장 진출, CashZone 내 CASHZ토큰 스캔 및 트래킹 기능 개발, 사회공헌 사업 개시

캐시존랜드, 어떻게 이용하지?

캐시존랜드가 궁금하세요? 그렇다면 이 QR을 스캔해보세요. 아주 쉽게 이용할 수 있습니다.

메타버스2(Metaverse2)
- 국내, 현실세계 반영, 실물경제 비연동

롯데월드타워 주변 토지는 1타일에 4,543메타달러, 파리 에펠탑 1,900메타달러, 루브르 박물관은 800메타달러까지 상승했습니다. 롯데월드타워 주변 토지는 4만 5,400배가 상승했습니다.

●●● 메타버스2의 특징

메타버스2는 실제 서울특별시와 뉴욕 등을 가상공간에 그대로 반영한 메타버스 플랫폼입니다. 현재는 서울특별시와 뉴욕, 파리, 라스베이거스만 이용할 수 있지만 추후 다른 지역도 업데이트가 될 예정입니다.

가상세계인 메타버스2에서는 지구상의 실제 토지를 가로 10m, 세로 10m의 아주 작은 타일로 나눕니다. 사용자들은 전 세계의 토지를 수많은 격자 형태의 타일로 볼 수 있습니다. 사용자가 구매한 타일에는 구매자 국가의 국기를 표시할 수 있습니다. 메타버스2에서는

메타버스2 메인 화면

출처: 메타버스2

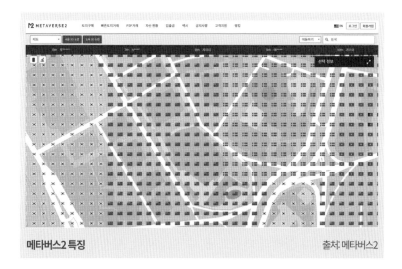

메타버스2 특징

출처: 메타버스2

그 작은 타일 하나하나마다 구매 가격, 현재 시장 가치, 소유자, 토지의 판매 여부, 토지 위치 등이 모두 저장되고 투명하게 관리됩니다.

●●● 어떻게 수익을 낼까?

사용자는 메타토큰, 임대료, 입장료, 광고료, 메타달러 이자, 추천인 보너스 등 메타버스2에서 다양한 방식으로 수익을 창출할 수 있습니다.

메타토큰

메타토큰은 메타버스2에서 자체적으로 발행한 가상자산으로 총 10억 개를 발행했는데요, 그중에 5억 개는 현재 사용하지 않고 묶어 놓은 상태입니다. 메타토큰은 메타버스2에서 건물 건설 등 다양한 콘텐츠 개발에 사용됩니다. 사용 후에는 인플레이션 방지를 위해 소각됩니다. 메타토큰은 추후 코인 거래소에 상장할 예정입니다. 상장되면 시세차익을 볼 수도 있습니다.

임대료

메타토큰을 사용해 지은 건물을 개인이나 단체에 임대하고 임대료를 받을 수 있습니다. 임대료는 임대 일수로 계산하고, 임대료 수준은 임대인이 정할 수 있습니다.

입장료

공연이나 전시회를 할 수 있는 건물을 가진 사용자라면 해당 건물에서 공연이나 전시회를 할 수 있도록 허락해주고, 본인은 입장료를 받을 수 있습니다.

광고료

광고판을 설치할 수 있는 건물을 소유한 사용자라면 해당 건물에 광고를 유치해서 광고 수익을 벌 수 있습니다. 이때 광고 수익은 메타버스2 플랫폼 회사와 나누어 취득합니다.

메타달러 이자

판매중(이자 획득) 상태이지만 판매되지 않은 토지의 이자율은 매일 0.01%씩 감소합니다. 판매가 일어나면 이자율은 0.3%로 바뀌고, 매일 0.01%씩 감소하며, 최소값은 0.01%입니다. 이자는 수수료 수입 이자풀 내에서 지급합니다.

추천인보너스

사용자의 추천인 코드를 입력한 사람들이 자산을 거래하면 거래금액의 0.5%만큼 보너스를 받을 수 있습니다.

●●● 분양가와 실제 거래가격은 얼마?

2021년 9월 10일 출시 때 책정된 메타버스2의 1타일 최초 시세는 0.1메타달러($0.1)였는데요, 송파구 롯데월드타워 주변 토지는 1타일에 4,543메타달러, 파리 에펠탑 1,900메타달러, 루브르 박물관은 최고 800메타달러까지 상승했습니다. 송파구 롯데월드타워 주변의 토지는 4만 5,400배가 상승했습니다. 조만간 메타토큰도 1개당 100원으로 상장될 예정입니다.

●●● 어떻게 거래할까?

메타버스2에서 사용되는 금, 자원, 메타토큰 등은 메타버스2 플랫폼 내에서 P2P로 거래할 수 있습니다.

일부 메타버스에서는 구매한 자산을 매도할 때 거래가격의 한도가 없는데요, 그러다 보니 처음부터 지나치게 높은 거래가격이 형성되어 새로운 사용자의 진입이 어렵습니다. 메타버스2는 구매한 자산을 매도할 때 구매한 가격의 2배 이상을 넘지 못하도록 거래가격의 한도를 정했습니다.

메타버스2는 연중무휴 24시간 고객지원센터를 운영해 사용자의 불만을 다른 어떤 메타버스 플랫폼보다 신속하게 처리하고 있습니다.

메타버스2 거래방법 　　　　　　　　　　　　　　　　　　 출처: 메타버스2

●●● 향후 계획은?

메타버스2는 4단계로 개발할 계획인데요, 단계별 개발 내용은 다음과 같습니다.

메타버스2 거래방법 　　　　　　　　　　　　　　　　　　 출처: 메타버스2

1단계

서울특별시와 뉴욕의 총 16개의 랜드마크를 업데이트하고 랜드마크 건물을 3차원으로 보이게 할 계획입니다.

2단계

메타버스2 에디터(Editor)를 오픈해 건물을 제작하는 기능을 개선할 계획입니다. 그리고 제작한 건물은 NFT화해 P2P 거래로 판매할 수 있으며, 마음에 드는 건물 및 구조물은 메타토큰으로 구매할 수 있게 할 계획입니다.

3단계

메타버스2 월드(World)를 통해 자신만의 건물이나 도시 등의 지형을 만들고 꾸밀 수 있게 할 계획입니다. 그리고 메타토큰으로 판매 및 구매 가능한 자원을 추가하고 건물을 다양화할 계획입니다.

4단계

- 사용자가 자신의 아바타를 만들고 꾸미는 기능을 개선해나갈 계획입니다.
- 채팅 및 SNS 기능을 개선하고 이와 더불어 옷, 장신구 등의 아이템을 자유롭게 제작하고 거래할 수 있는 기능을 개선할 계획입니다.

♀ 사용자가 가상 공연, 가상 경기, 미술관 관람 등의 콘텐츠를 만들고 수익을 거둘 수 있는 기능을 개선할 계획입니다.

♀ VR로 가상세계를 직접 체험할 수 있고, 가상으로 사무실을 차리거나 모임을 할 수 있는 새로운 콘텐츠를 추가할 계획입니다.

메타버스2, 어떻게 이용하지?

메타버스2가 궁금하세요? 그렇다면 이 QR을 스캔해보세요. 아주 쉽게 이용할 수 있습니다.

토지월드(TOZI WORLD)
- 국내, 현실세계 반영, 실물경제 비연동

코에스는 경매 시작 가격이 3개월 후 2배 상승했으며, 강남성모 전담격리센터는 3개월 후 4배가 상승했고, 센트리전시관 별관은 경매 시작 가격이 3개월 후 16배나 상승했습니다.

●●○○ 토지월드의 특징

토지월드는 실제 도시를 가상공간에 반영해 그 도시의 건물을 소유하고 임대하는 메타버스 플랫폼입니다.

토지월드는 모든 가상건물에서 문화행사, 상업활동, 공동체 형성 등이 활성화됨으로써 안정적인 경제생태계를 보장할 수 있는 메타버스 플랫폼을 추구합니다.

토지월드는 단기적인 막대한 투자 수익보다는 모두가 즐길 수 있고 지속적인 '진정한 메타버스'가 되기 위해 NFT와 가상자산 같은 블록체인 기술을 배제하기로 했습니다.

당신의 첫번째 메타버스
토지월드에서

디지털 트윈 도시에 당신만의 공간을 만들어보세요.

토지월드 메인 화면

출처: 토지월드

●●● 어떻게 수익을 낼까?

임대소득

건물 소유주는 임차인에게 건물을 임대해 임대료를 받을 수 있습니다. 임대료는 건물 최근 거래가의 0~10% 내에서 산정할 수 있고, 임대료의 40%는 세금으로 징수됩니다. 임차인은 임대료를 임대인이 아닌 건물에 지불하고, 임대인은 임대 기간에 걸쳐 매일 분할 지급받습니다. 그러므로 임대인이 임대 기간 안에 바뀌어도 임대료는 변함이 없습니다. 임대 기간은 30일, 60일, 90일 단위로 선택할 수 있습니다.

토지월드 수익구조　　　　　　　　　　　　　　　　출처: 토지월드

시세차익

건물 소유주는 매수한 가격보다 높은 가격에 건물을 매도해 시세차익을 볼 수 있습니다. 거래는 토지월드 내에서 개인 간 거래(P2P)를 통해 이루어집니다.

조회 수 수익

임차인은 임차인 건물 내부를 에디터(Editor)를 통해 꾸밀 수 있는데요, 이때 광고 포스터를 공간 내에 1개 이상 배치합니다. 그리고 방문자가 해당 건물에 방문해 30초 이상 머물면서 광고 포스터를 카메라에 담거나, 또는 해당 광고를 클릭하면 임차인의 수익화 가능

조회 수로 산정됩니다.

　수익은 1개월 단위로 정산되는데, 한 달간의 조회 수를 누계한 뒤 다음달 5일에 토지포인트(TOZI Point)로 정산됩니다.

자산(Asset) 수익

　토지월드 마켓플레이스(Marketplace)에서 건물 내부 인테리어를 위한 자산(Asset)의 자유로운 거래가 가능한데요, 자신이 내놓은 자산을 다른 사용자(User)가 구매함으로써 자산(Aseet) 수익을 만들어낼 수 있습니다.

●●● 분양가와 실제 거래가격은 얼마?

　토지월드에서 건물에 관한 분양신청을 하려면 분양신청권이 필요합니다. 분양신청권은 하루에 한 번 출석 체크를 통해 받을 수 있습니다.

　분양신청을 받은 건물은 경매로 전환될 수 있는데, 이때 해당 건물의 경매 시작 가격은 경매 시작 당시까지 누적된 분양신청권의 개수입니다.

　코엑스는 경매 시작 가격이 3,446,000원이었으나 3개월 후 6,892,000원으로 2배가 상승했으며, 강남성모 전담격리센터는 경매 시작 가격이 280,400원이었으나 3개월 후 1,121,600원으로 4배가 상승했고, 센트리전시관 별관은 경매 시작 가격이 10,600원이었으나 3개월 후 169,000원으로 16배나 상승했습니다. 참고로 경매로 전환되지 못한 건물은 당첨자 선발을 통해 무료로 지급됩니다.

●●● 어떻게 거래할까?

토지월드의 건물은 토지월드 내에서 개인 간 거래(P2P)를 통해 거래되는데요, 거래 시마다 전 가격의 2배 이내로 거래됩니다.

토지월드 거래방법

출처: 토지월드

●●● 향후 계획은?

2022년 1분기에는 토지월드 사전 공개 분양, 토지월드 정식 런칭, 환전과 거래 기능 오픈 등을 했습니다. 2022년 2분기에는 토지월드 건물 최초 임대, 건물주 임대 설정 자율화, 콘텐츠 제작 기능 오픈 등을 했습니다.

2022년 3분기에는 조회 수 수익 정산 기능 오픈, 콘텐츠 공유 기능 오픈, 토지월드 아바타 기능 오픈 등을, 2022년 4분기에는 서울시 오픈월드 오픈, 건물 재건축 기능 오픈, 온라인 기능 오픈 등을, 2023년 상반기에는 각국 주요 도시 글로벌 론칭, VR 기능 지원, 개인 이동 수단 오픈 등을, 2023년 하반기에는 토지월드 내 모든 규제 자율화, 행정구역별 대표자 선발, 플러그인 개발 및 코드 오픈 등을 할 계획입니다.

토지월드, 어떻게 이용하지?

토지월드가 궁금하세요? 그렇다면 이 QR을 스캔해보세요. 아주 쉽게 이용할 수 있습니다.

듀플래닛(DUPLANET)
- 국내, 현실세계 반영, 실물경제 비연동

듀플래닛 이용자는 가상의 토지를 소유할 수 있고, 토지의 소유권은 NFT로 발행됩니다. 듀플래닛은 다른 가상자산과의 교환 및 거래소 상장 등을 통해 생태계를 확장해나갈 계획입니다.

●●● 듀플래닛의 특징

듀플래닛은 디지털 트윈(Digital Twin) 기술에 기반한 거울세계로, 참여자들이 디지털 자산을 소유하고 이를 활용해 수익 창출과 가치 상승을 추구하는 가상경제 플랫폼입니다. 듀플래닛 내에서 토지나 디지털 저작물을 거래하거나 서비스 이용 대가를 지불할 땐 블록체인 기반 토큰인 타래(TR)를 사용하는데, 타래와 원화를 교환해주는 환전소는 듀플래닛 운영자가 직접 운영합니다. 듀플래닛 운영자는 토지 소유자의 요청이 있을 때 언제든지 원화로 환전해줄 수 있도록 타래 발행으로 유입된 현금을 별도의 계좌에 안전하게 보관합니다.

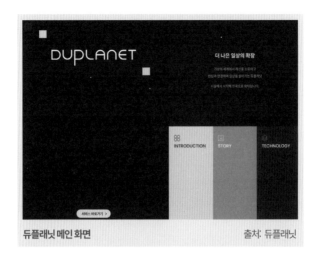

듀플래닛 메인 화면 　　　　　　　　　　　출처: 듀플래닛

　　듀플래닛 이용자는 가상의 토지를 소유할 수 있고, 토지의 소유권
은 NFT로 발행됩니다. 듀플래닛은 다른 가상자산과의 교환 및 거래
소 상장 등을 통해 생태계를 확장해나갈 계획인데, 그중 하나로 타
래와 다른 토큰을 이용해 다양한 파이낸싱(Financing)을 가능하게 할
'듀플뱅크' 프로젝트를 준비하고 있습니다.

●●● 어떻게 수익을 낼까?

　♥ 소유한 토지에서 상거래가 수반되는 서비스를 제공하거나 NFT
　　콘텐츠를 제작해 판매하는 등 해당 서비스에서 수익을 볼 수 있
　　습니다. 보유한 토지나 가상 건축물에 광고주나 광고대행사의

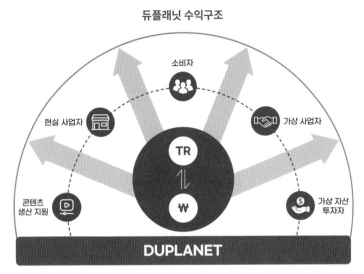

듀플래닛 수익구조

소비자

현실 사업자

가상 사업자

TR

콘텐츠
생산 지원

가상 자산
투자자

DUPLANET

출처: 듀플래닛

광고 공간을 제공하는 것도 향후 가능합니다.

📍 서비스를 제공하고자 하는 회원에게 토지를 임대해 임대 수수
료를 받을 수 있습니다.

📍 차후 토지의 가치가 상승하면 시세차익을 볼 수 있습니다.

분양가와 실제 거래가격은 얼마?

가상경제 플랫폼인 듀플래닛에서 처음 분양한 서울은 실제 개별
공시지가의 1/100,000 수준으로 분양가격이 책정되었는데요, 이후

토지의 가치는 듀플래닛 안에서의 활용 가능성, 희소성, 경제활동의 성과에 따라 듀플마켓에서 자유롭게 결정될 것입니다. 참고로 공시지가 10억 원 미만의 토지는 5,000원 균일가로 정해졌으며, 1타래는 1원에 해당합니다. 아직은 거래할 수 있는 플랫폼이 구축되지 않아 실제 거래가격이 형성되어 있지는 않습니다.

●●● 어떻게 거래할까?

지주는 토지 NFT를 듀플래닛의 마켓플레이스(Marketplace)인 듀플마켓에서 P2P(Peer to Peer)로 자유롭게 거래할 수 있으며, 거래수단은 타래(TR)입니다. 단, 주요 관광지나 공공건물, 33m²(10평) 미만의 협소

듀플래닛 거래방법   출처: 듀플래닛

한 필지, 신규로 개발되어 아직 공시지가가 발표되지 않은 필지의 경우에는 거래할 수 없습니다.

●●●● 향후 계획은?

2022년 4~6월까지 서울 지역 가상 토지 분양신청, 서비스 백서 공개, 타래 충전, 토지구매, 2022년 하반기까지 구축한 건물의 지도 노출 개시, 커뮤니티 서비스 개시, 건물·실내 공간·아바타 관련 템플릿 및 저작도구 제공, 2023년까지 듀플뱅크·토큰·NFT 활용 파이낸싱 프로젝트 오픈, 사용자 간 토지임대 서비스 오픈, 모바일 기반 AR-듀플래닛 연계 서비스, 광고 유치 및 광고주를 매칭할 계획입니다.

듀플래닛, 어떻게 이용하지?

듀플래닛이 궁금하세요? 그렇다면 이 QR을 스캔해보세요. 아주 쉽게 이용할 수 있습니다.

독도버스(Dokdoverse)
- 국내, 가상세계, 실물경제 연동

도민권 NFT는 수량이 정해져 있어 시간이 갈수록 그 가치는 상승할 것으로 예상되는데, 향후 도민권 NFT의 가치가 상승하면 이것을 NFT 거래소에서 판매해 수익을 창출할 수 있습니다.

●●● 독도버스의 특징

가상공간에 가상의 독도를 구현하고 그 안에서 경제활동을 하는 메타버스 플랫폼입니다.

독도버스는 모든 데이터와 콘텐츠를 블록체인에 등록하고, P2P(Peer to Peer) 분산 네트워크에서 관리 및 액세스하는 웹3.0 금융기반 메타버스를 꿈꾸고 있습니다. 독도버스는 코드에 계약 내용을 모두 담고, 이 계약 내용의 의사결정은 블록체인 네트워크를 통해 참여한 다수의 독도버스 토지주와 건물주가 하는 다오(DAO)를 지향합니다.

독도버스 메인 화면   출처: 독도버스

독도버스 특징   출처: 독도버스

●●● 어떻게 수익을 낼까?

사용자는 도민권 NFT를 발급받아 가상의 독도 토지를 소유하고 그곳에 집과 건물을 지을 수 있습니다. 도민권 NFT는 '독도버스의 도민임을 인정하는 증서'로서 독도버스 내 토지나 건물의 소유권을 보장해줍니다. 도민권 NFT는 수량이 정해져 있어 시간이 갈수록 그 가치는 상승할 것으로 예상되는데, 향후 도민권 NFT의 가치가 상승하면 이것을 NFT 거래소에서 판매해 수익을 창출할 수 있습니다.

도스(DOS)는 독도버스에서 사용되는 가상자산인데요, 독도버스 안에서의 낚시나 농사 등 임무를 수행하면 적립됩니다. 이렇게 적립된 도스는 농협은행 모바일 플랫폼인 올원뱅크와 연동되어 있어 필요한 아이템이나 쿠폰을 구매하는 등 실생활에서 유용하게 상용할 수 있습니다. 물론 다른 사용자와 거래도 가능합니다.

독도버스 수익구조   출처: 독도버스

●●● 분양가와 실제 거래가격은 얼마?

도민권은 가입자가 퀘스트를 통해 획득할 수 있습니다. 그러므로 분양가격이 존재하지 않습니다. 그리고 독도버스는 이제 막 월드(World)의 기반을 구성한 수준인 초기 단계로 아직은 NFT 거래가 없어 실제 거래가격도 형성되어 있지 않습니다.

●●● 어떻게 거래할까?

도민권 NFT는 독도버스에서는 거래할 수 없고, 오픈씨와 같은 NFT마켓에서 거래가 가능한데요. 하지만 이 거래 기능은 준비중에 있습니다.

독도버스 거래방법   출처: 독도버스

●●● 향후 계획은?

독도버스는 2022년 3월 1일에 맞추어 클로즈베타(Closed Beta)를 시작했고, 같은 해 6월에 오픈베타(Open Beta)를 시작했습니다. 2022년 8월 15일에 그랜드 오프닝을 했으며, 같은 해 9월 30일까지 신규 가입 신청을 받을 계획입니다. 당첨자 발표는 같은 해 10월 14일에 진행할 예정입니다.

독도버스, 어떻게 이용하지?

독도버스가 궁금하세요? 그렇다면 이 QR을 스캔해보세요. 아주 쉽게 이용할 수 있습니다.

메타그라운드(METAGROUND)
- 국내, 가상세계, 실물경제 비연동

메타그라운드에 입장하려면 싸이클럽 지갑 사용자 계정이 꼭 필요한데, 이 싸이클럽 지갑을 통해 부동산 NFT를 거래할 수 있습니다.

●●● 메타그라운드의 특징

메타그라운드는 가상공간에서 가상의 아파트를 분양받는 메타버스 플랫폼입니다. 다시 말하자면 메타그라운드는 게임을 하면서 강남 아파트를 구매할 수 있는 P2E(Play to Earn) 플랫폼입니다.

메타그라운드에서 부동산은 NFT카드 형태로 거래되고, 가상자산으로 'KAPT'를 이용합니다.

메타그라운드 메인 화면   출처: 메타그라운드

●●● 어떻게 수익을 낼까?

메타그라운드의 수익구조는 임대소득과 상금입니다.

임대소득

메타그라운드에서는 부동산 NFT카드를 가지고 있으면 임대소득을 받을 수 있습니다. 임대소득은 부동산 NFT카드 등급에 비례합니다.

등급은 A~F까지 총 6개로 나누어져 있는데, A등급은 하루에 10KAPT를 임대소득으로 받을 수 있는 데 반해 F등급은 하루에

0.004KAPT밖에 받지 못합니다. 임대소득을 받기 위해 참여할 수 있는 카드의 수량도 A등급은 제한이 없는 데 반해 B~F등급은 10장으로 제한되어 있습니다. 이렇게 되면 F등급 카드 10장을 모두 채워봐야 하루에 0.04KAPT밖에 벌지 못하므로 A등급 카드 1장 10KAPT에 한참 모자랍니다.

임차인은 연 이자율을 적용해 매일 임대료를 내는데, 부동산 NFT 카드 소유자가 임대료를 받기 위해서는 매일 메타그라운드에 출석해야 합니다. 만약에 출석하지 않으면 출석하지 않은 날의 임대료는 받을 수가 없습니다.

메타그라운드 수익구조

출처: 메타그라운드

상금

부동산 NFT카드를 가지고 있으면 지역 점령 전투에 참여해 상금을 받을 수 있습니다. 각 팀은 공동 점령 전투를 위한 공통 NFT카드를 만드는데, 이때 해당 카드를 강화하기 위해서 전투 전용 팩을 구매하거나 아니면 기존에 가지고 있던 NFT카드나 아이템을 사용해야 합니다.

각 팀이 전투하는 동안 생성된 NFT카드 중에서 최고 등급의 카드를 획득한 팀이 승리합니다. 만약 같은 등급을 받은 다른 팀이 있는 경우에는 팀 구성원이 보유한 NFT카드를 비교해 최종 우승자를 선정합니다.

팀원은 가지고 있는 NFT카드 수준에 따라 보상을 받습니다. 그리고 점령한 지역에서 세금을 걷을 수도 있습니다.

●●● 분양가와 실제 거래가격은 얼마?

메타그라운드에서 가상 아파트를 분양받으려면 가상자산 'KAPT'를 이용해 NFT카드를 구매해야 합니다. NFT카드는 '팩(Packs)'으로 판매됩니다.

이 팩 안에는 서로 다른 등급의 여러 가지 NFT카드가 들어 있습니다. 팩은 종류에 따라 1KAPT, 10KAPT, 30KAPT 등으로 분류되어 판매됩니다.

현재 메타그라운드는 NFT카드를 판매할 수 있는 마켓플레이스 (Marketplace)가 준비중에 있어 NFT카드의 거래가 이루어지지 않아 실제 거래가격이 형성되어 있지 않습니다.

●●● 어떻게 거래할까?

메타그라운드에 입장하려면 싸이클럽 지갑 사용자 계정이 반드시 필요한데, 이 싸이클럽 지갑을 통해서 부동산 NFT를 거래할 수 있습니다.

메타그라운드 거래방법   출처: 메타그라운드

●●● 향후 계획은?

NFT카드 조합을 통해 낮은 등급의 카드가 높은 등급의 카드로 승격될 수 있도록 하는 기능을 지원할 예정입니다. 그리고 부동산 NFT 소지자가 상금을 벌 수 있도록 '팀 기반 지역 점령 전쟁'을 포함한 그랜드 서비스를 오픈할 계획입니다.

메타그라운드, 어떻게 이용하지?

메타그라운드가 궁금하세요? 그렇다면 이 QR을 스캔해보세요. 아주 쉽게 이용할 수 있습니다.

어스2(Earth2)
- 해외, 현실세계 반영, 실물경제 비연동

1.23달러였던 파리 에펠탑 주변 토지가 200달러로 162배 상승, 11.02달러였던 런던 디우닝가 10번지 주변 토지가 1,100달러로 100배 상승했습니다. 앞으로도 가격은 더 상승할 것으로 예상됩니다.

●●● 어스2의 특징

어스2는 실제 지구의 모습을 가상공간에 그대로 구현한 메타버스 플랫폼입니다.

어스2는 실제 지구의 모습을 가상공간에 그대로 구현하고 그것을 10m×10m 크기의 타일로 나누어 거래하는 플랫폼입니다. 타일의 수량이 정해져 있으므로 시간이 갈수록 가격이 상승할 것으로 예상됩니다.

어스2의 개발 단계는 총 4단계로 구성되어 있습니다.

1단계는 단순하게 토지를 거래하는 단계입니다.

2단계는 타일 밑에 묻혀 있는 자원을 채취하는 단계입니다. 2단계에서 사용자는 채취된 자원을 가지고 자신의 타일 위에 건물을 지을 수도 있고, 단순히 다른 사용자에게 팔 수도 있습니다. 현재 어스2는 2단계라 볼 수 있습니다.

3단계는 자신의 아바타를 생성하고 그 아바타가 활동하는 가상세계를 만들어가는 단계입니다. 이 단계까지 되려면 초고속·초연결·초저지연의 통신망이 구축되고, AR·VR·MR·XR 기술이 발전해야 하며, 이러한 기술을 자유롭게 이용할 수 있는 디바이스가 개발되어야 하므로 앞으로 좀 더 시간이 필요할 것 같습니다. 실제 매장에 방문하지 않고 가상세계 매장에서 상품을 꼼꼼하게 살펴보고 결제했는데 실제 집에서 해당 상품을 받아볼 수 있다면 아주 편리하겠네요.

4단계는 실제 지구인 어스1과 가상의 지구인 어스2의 경계가 허

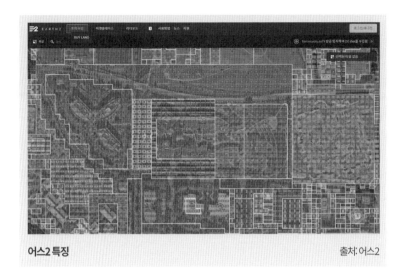

어스2 특징   출처: 어스2

물어지는 단계입니다. 지금으로서는 좀 상상하기 어려운 세계 같은
데요, 가상세계에서는 현실세계에서 할 수 없는 많은 일이 가능할
것입니다. 그것이 인류에게 긍정적인 면이 많을 수도 있고, 부정적
인 면이 많을 수도 있겠지만요.

●●● 어떻게 수익을 낼까?

어스2에서는 다른 사람이 타일을 구매하면 자신이 가지고 있는
타일의 등급에 따라서 'Income Land Class'라는 이자를 받을 수 있습
니다.

타일의 등급이 높을수록 더 많은 이자를 받습니다. 1~10만 타일은 Class 1, 10만~30만 타일은 Class 2, 30만~60만 타일은 Class 3, 60만 이상은 Class 4입니다. Class 5의 기준은 아직 정해진 것이 없습니다.

가상세계인 어스2는 실제 부동산과 투자 포인트가 좀 다릅니다. 현실 공간에서는 주거용 부동산이 주요 투자대상이라면, 가상세계에서는 놀이 공간, 랜드마크, 자원발굴이 더 중요한 투자대상입니다. 그러므로 어스2에 있는 토지를 구매하고자 할 때는 사람들이 많이 모이는 지역이나 가치가 높은 자원이 발굴되는 지역을 눈여겨봐야 합니다.

만약 어스2에서 신도시인 메가시티를 만드는데 참여자를 모집한다고 하면 관심을 가져볼 필요가 있습니다. 신도시가 건설되면 신도

어스2 수익구조   출처: 어스2

시에 투자한 토지의 가격이 상승할 가능성이 있으니까요. 어스2에서 대표적인 대한민국의 메가시티는 '단군시티'입니다.

분양가와 실제 거래가격은 얼마?

2020년 11월 어스2 출시 당시 1타일의 출시 가격은 0.1달러였는데요, 5.5달러였던 서울시 중구의 메인빌딩은 1,000달러로 181배 상승, 30달러였던 서울역 주변 토지는 1,200달러로 40배 상승, 23.76달러였던 청화대 주변 토지는 998달러로 42배 상승했습니다. 또한 1.23달러였던 파리 에펠탑 주변 토지가 200달러로 162배 상승했고, 11.02달러였던 런던 다우닝가 10번지 주변 토지가 1,100달러로 100배 상승했습니다. 어스2 출시가 2년 정도밖에 되지 않은 만큼 앞으로도 가격은 더 상승할 것으로 예상됩니다.

어떻게 거래할까?

어스2에서는 타일을 구매하기 위해서 신용카드를 이용해야 합니다. 타일을 구매할 때 추천인을 입력하면 구매자와 추천인 모두 구매금액의 5%를 받을 수 있습니다.

어스2 거래방법

출처: 어스2

●●● 향후 계획은?

어스2는 사용자들 간 타일 이외에 다른 디지털 자산도 거래할 수 있도록 기능을 확장시킬 예정입니다. 이렇게 되면 향후 순차적으로 게임 아이템 거래가 가능해지므로 주얼(Jewel), 자원, EPL, 블루프린트, 에센스 등 수익원은 점차 다양해질 것으로 보입니다.

이외에 앞으로 NFT, P2E, DAO 등을 도입해 어스2 생태계에 많은 변화를 주겠다고 합니다.

174

어스2, 어떻게 이용하지?

어스2가 궁금하세요? 그렇다면 이 QR을 스캔해보세요.
아주 쉽게 이용할 수 있습니다.

넥스트어스(Next Earth)
- 해외, 현실세계 반영, 실물경제 비연동

모든 거래는 토큰 NXT를 통해서 이루어집니다. 사용자는 자신이 소유한 타일을 가지고 NXT 재테크를 할 수 있습니다. 넥스트어스는 성장할수록 NXT를 담고 있는 지갑을 더 많이 내놓을 것입니다.

●●○○ **넥스트어스의 특징**

넥스트어스는 가상공간에 지구의 위성지도를 그대로 반영한 메타버스 플랫폼입니다.

넥스트어스에서는 지구상의 실제 토지를 가상공간에 가로 10m, 세로 10m의 아주 작은 타일로 나누어놓았습니다. 사용자들은 전 세계의 토지를 수많은 격자 형태의 타일로 볼 수 있지요. 타일의 소유권은 블록체인 기반의 NFT로 되어 있으므로 NFT를 가지고 있는 사용자는 넥스트어스 내 토지를 소유할 수 있습니다. 그리고 이처럼 NFT화된 가상의 토지를 사고파는 것이 넥스트어스의 핵심입니다.

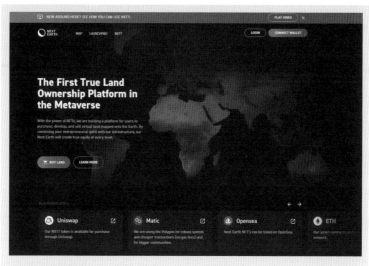

넥스트어스 메인 화면

넥스트어스 특징

●●● 어떻게 수익을 낼까?

넥스트어스의 모든 거래는 토큰 NXT를 통해서 이루어지는데, 사용자는 자신이 소유한 타일을 가지고 NXT 재테크를 할 수 있습니다. 타일은 매달 최소 한 개의 유닛을 생성합니다. 업그레이드된 타일은 더 많은 유닛을 생성할 수 있는데, 사용할 수 있는 유닛이 충분하면 이를 지갑과 교환할 수 있습니다.

넥스트어스는 성장할수록 NXT를 담고 있는 지갑을 더 많이 내놓을 것입니다. 그런데 지갑에 담을 수 있는 NXT의 양은 '지갑의 주인이 타일을 얼마나 많이 가지고 있느냐'에 따라 결정됩니다.

넥스트어스는 완벽하지는 않지만, 사용자의 자산을 성장시키기 위한 전략이 있습니다. 업그레이드되지 않은 타일을 적절히 낮은 가격으로 많이 구매하는 '수평 성장 전략'과 신중하게 소수의 타일을

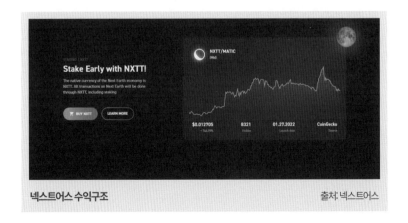

넥스트어스 수익구조　　　　　　　　　　　　　　출처: 넥스트어스

구매해 그들을 가장 높은 수준으로 최대한 업그레이드하는 '수직 성장 전략'입니다.

분양가와 실제 거래가격은 얼마?

2021년 8월 넥스트어스 출시 당시 1타일의 출시 가격은 0.1USDT였는데요, 64.4USDT였던 헝가리 부다페스트 부다왕국 주변 토지는 721.79USDT로 11.2배 상승, 84USDT였던 런던 다우닝사 10번지 주변 토지는 1,305.32USDT로 13.7배 상승, 69.8USDT였던 파리 에펠탑 주변 토지는 909USDT로 13배 상승, 8USDT였던 청화대 주변 토지는 104USDT로 13배 상승했습니다.

어떻게 거래할까?

넥스트어스는 유니스왑(Uniswap)이나 오픈씨(OpenSea)와 같은 디파이(DeFi, 탈중앙화 금융) 방식으로 거래합니다. 아티스트는 아트클래스타일을 만들어 다른 사람에게 판매하고, 랜드마크(Landmark) 소유자는 랜드마크가 있는 도시의 타일을 구매해 업그레이드하고, 웨일(Whale)은 가능한 한 많은 타일을 구매함으로써 보상을 축적할 수 있습니다.

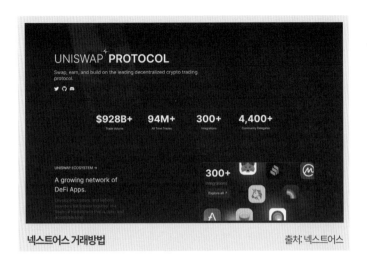

넥스트어스 거래방법　　　　　　　　　　　　출처: 넥스트어스

●●● 향후 계획은?

　2022년에 IT 리팩토링, 웹3.0, 스테이킹 및 토큰 굽기, 타사 플랫폼 통합, 넥스트어스 파운데이션 소개, 디지털/VR 세일즈 및 마케팅, 소셜 플랫폼 통합 등을 할 예정이며 최근 FIAT 결제가 완료되었습니다.

넥스트어스, 어떻게 이용하지?

넥스트어스가 궁금하세요? 그렇다면 이 QR을 스캔해보세요. 아주 쉽게 이용할 수 있습니다.

지크월드(ZIQ WORLD)
- 해외, 현실세계 반영, 실물경제 비연동

선 세계 노시의 부동산을 매노하기 위해 매주 혹은 2주마다 순차적으로 '타일 거래 오픈 공지'를 합니다. 2021년 12월에는 한국지역, 2022년 1월에는 북한 지역의 거래가 오픈되었습니다.

●●● 지크월드의 특징

지크월드는 가상공간에 3차원 가상부동산을 구현하고 이를 실시간 거래하는 메타버스 플랫폼입니다. 지크월드에서는 현실세계의 토지를 가상공간에 30m²의 아주 작은 타일로 나누어놓았습니다. 사용자들은 전 세계의 토지를 수많은 격자 형태의 타일로 볼 수 있는데, 이 타일을 다른 말로 '프롭(PROP)'이라고 합니다. 지크월드 내에서는 오직 ZIQ토큰만 사용 가능하며, 가상부동산은 NFT 형태로 거래됩니다.

사용자는 ZIQ에서 에펠탑, 나폴레옹 동상, 자유의 여신상 같은 특

지크월드 메인 화면   출처: 지크월드

지크월드 특징   출처: 지크월드

수한 사물 NFT를 이더리움으로 구매할 수 있습니다. 그리고 그 사물을 지크월드에 배치할 수도 있습니다.

●●● 어떻게 수익을 낼까?

지크월드에서 수익을 내는 방법은 크게 2가지가 있습니다. 매매와 스테이킹(Staking)입니다.

매매

지크월드는 구매자가 타일을 구매하면 구매 즉시 최근 거래된 가격의 10%에 해당하는 이윤만 붙여 강제로 매도하게 하는데, 이것을 '강제 매수'라 합니다.

물론 타일의 소유자가 지정한 가격으로 타일을 구매하는 '지정가 매수'도 있지만, 여러 타일을 동시에 구매할 때는 '강제 매수' 방식으로 거래해야 합니다. 타일들의 최근 거래는 각 타일의 그래프에 표시됩니다.

스테이킹(Staking)

지크월드의 가상부동산 소유자는 2~6%에 해당하는 고정 이자를 ZIQ토큰으로 받을 수 있습니다. 1만~10만 타일 소유자는 월 2%,

닉네임	보유 타일 수	스테이킹
해피드리머	691,401	3,457.005 ZIQ
OMNI	609,826	3,049.13 ZIQ
서초구	524,301	2,621.505 ZIQ
▶ZIQ WORLD◀	520,542	2,602.71 ZIQ
성북구	519,323	2,596.615 ZIQ
블라디미르 푸틴	509,266	2,546.33 ZIQ
꽃과 나비	507,009	2,535.045 ZIQ
victory	503,843	2,519.215 ZIQ

지크월드 수익구조   출처: 지크월드

10만~20만 타일 소유자는 월 4%, 20만 타일 이상 소유자는 월 6%의 이자를 받을 수 있습니다. 스테이킹에 관한 이자는 매월 1일, 동시에 처리됩니다.

●●● **분양가와 실제 거래가격은 얼마?**

2021년 10월 지크월드 출시 당시 1PROP(타일)의 출시 가격은 스페인 마드리드·러시아 모스크바·브라질 상파울루·북한 평양·프랑스 파리·일본 도쿄는 0.1ZIQ, 영국 런던은 3ZIQ, 미국 뉴욕은 10ZIQ로

책정되었습니다. 0.1ZIQ였던 파리 에펠탑 주변 토지는 7,935.8ZIQ 로 79,400배 정도 상승, 1ZIQ였던 청화대 주변 토지는 36,118ZIQ로 36,100배 정도 상승, 3ZIQ였던 런던 다우닝가 10번지 주변 토지는 6.6ZIQ로 2배 정도 상승, 10ZIQ였던 뉴욕 자연사 박물관 주변 토지는 665ZIQ로 66.5배 정도 상승했습니다.

● ● ● 어떻게 거래할까?

지크월드는 전 세계 도시의 부동산을 매도하기 위해 매주 혹은 2주마다 순차적으로 '타일 거래 오픈 공지'를 합니다. 2021년 12월

지크월드 거래방법 출처: 지크월드

20일에는 한국지역의 거래가, 2022년 1월 14일에는 북한 지역의 거래가 오픈되었습니다.

●●● 실물 부동산도 NFT로 거래한다

ZIQ NFT마켓에서는 세계 최초로 현실세계의 실물 부동산의 지분 또는 임대수익을 담보로 해서 NFT를 발행하고 유통할 계획입니다.

ZIQ NFT마켓에서 거래되는 모든 '실물 부동산 NFT'는 ZIQ 프로젝트 재단 소유의 실물 부동산 또는 그 지분을 바탕으로 발행됩니다.

'실물 부동산 NFT'는 ZIQ NFT마켓에서 거래할 수 있으며, 제3자에게 다시 판매할 수 있습니다. 그리고 그 판매대금은 해당 NFT의 배당 비율에 따라 이더리움으로 지급합니다. ZIQ 프로젝트 재단이 실물 부동산을 운영해 임대수익이 발생하면, ZIQ 프로젝트 재단은 부동산 NFT 소유자에게 매월 임대수익에 관한 정보를 공시하고, 배당 비율에 따라 이더리움을 지급합니다.

모든 거래 내역과 배당 내역은 각 NFT 상품별 세부 페이지 또는 이더스캔(Etherscan)을 통해 투명하게 공개하며, 실물 부동산 임대수익 공시 정보는 매월 상세 페이지에 업데이트합니다.

●●● 향후 계획은?

- ♥ 2022년 1분기: 군사력 포인트, 문화 포인트 등 다양한 채점 시스템 추가, 이로 인해 NFT를 소유한 사용자는 추가 리소스 또는 ZIQ를 채굴 가능
- ♥ 2022년 2분기: 전 세계 부동산 중개사 연결 기능 추가
- ♥ 2022년 3분기~4분기: NFT 소유자들에게 건물 수익을 분배할 수 있는 기능 추가

지크월드, 어떻게 이용하지?

지크월드가 궁금하세요? 그렇다면 이 QR을 스캔해보세요. 아주 쉽게 이용할 수 있습니다.

클레이타워(Klay Tower)
- 해외, 가상세계, 실물경제 비연동

클레이타워의 상가 랜드, 아파트 랜드의 구분 소유권은 총 1만 개로 분양가격은 200KLAY였습니다. 오픈씨에서 거래되는 거래가격은 최저 56KLAY부터 최고 1천만KLAY까지 다양합니다.

●●● 클레이타워의 특징

클레이타워는 가상공간 내의 가상건물에서 수익을 창출하는 메타버스 플랫폼입니다. 가상토지가 아닌 가상건물을 대상으로 한 메타버스 플랫폼은 한국을 포함한 아시아지역 및 클레이튼 네트워크에서 최초입니다.

클레이타워는 상가 랜드 9,000개, 아파트 랜드 1,000개 해서 총 1만 개의 랜드로 구성되어 있으며, 각 랜드의 소유권은 NFT로 발행됩니다. 그러므로 NFT 소유자가 랜드 소유자입니다.

클레이타워 메인 화면　　　　　　　　　　　　　출처: 클레이타워

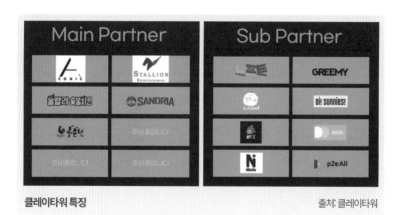

클레이타워 특징　　　　　　　　　　　　　　　出처: 클레이타워

••• 어떻게 수익을 낼까?

클레이타워의 수익구조는 기업 사용자, 랜드 소유자, 일반 사용자로 되어 있습니다.

기업 사용자

기업 사용자는 가상건물인 클레이타워에서 그 기업의 홍보활동을 하거나 행사를 개최하고 그 대가로 클레이타워 운영팀에 사용료를 지급합니다.

랜드 소유자

기업의 클레이타워 내 행사, 공공기관 및 기업의 클레이타워 내 입주, 일반 사용자의 클레이타워 임대, 글로벌 브랜드의 클레이타워 내 광고 등으로 발생된 이익의 일부를 배분받습니다. 배분받지 못한 나머지는 운영사의 클레이타워 유지보수 및 관리 등을 위해서 사용됩니다.

랜드 소유자는 자신의 랜드 주변에 인기 브랜드가 입점해 랜드의 가치가 상승하면 이를 매도해 시세차익을 얻을 수 있습니다. 또한 기업 사용자가 랜드에 입점해 제품을 판매하면 랜드 소유자에게 판매수수료 5%가 지급됩니다. 랜드 소유자는 여러 방식으로 수익을 창출할 수 있습니다.

일반 사용자

클레이타워에 접속해 게임을 하거나 대화를 나눌 수 있습니다. 그리고 그 대가로 보상 포인트를 받습니다. 다만 이 보상 포인트는 현금화할 수 없습니다. 금전적인 이득이 없다는 것이지요.

클레이타워 수익구조   출처: 클레이타워

●●● 분양가와 실제 거래가격은 얼마?

2022년 3월 출시 당시 클레이타워의 상가 랜드, 아파트 랜드의 구분 소유권은 총 1만 개로 분양가격은 200KLAY였습니다. 마켓플레이스 오픈씨(OpenSea)에서 거래되는 랜드의 실제 거래가격은 최저 56KLAY부터 최고 10,000,000KLAY까지 다양합니다.

●●● 어떻게 거래할까?

클레이타워의 랜드는 클레이타워 메인 홈 '메뉴'의 '공지 사항'을 참조해 민팅(Minting)하면 되는데, 만약에 미분양이 발생하면 1개월 후 다시 분양할 수 있습니다.

랜드는 프로젝트 공동작업을 위한 마케팅 물건인 경우를 제외하고는 무작위 방식으로 분양합니다. 클레이타워는 실제 부동산처럼 층수가 높아야 그 가치를 더 높게 평가받습니다.

클레이타워 거래방법　　　　　　　　　　　　출처: 클레이타워

●●● 향후 계획은?

📍 1단계: 브랜드 공동작업(Collaboration) 프로젝트 공개, 클레이타워 랜드 순차적 민팅, 10개 이상 보유자에 팀 물량 1개 드랍, 랜드 소유자 용병 NFT 채굴 기능 제공. 현재는 1단계임.

📍 2단계: 글로벌 브랜드 및 기업 입점 & 콜라보, 1개월 이상 보유 소유자 대상 굿즈 이벤트, 공식 홈 내 소유주 온라인 커뮤니티 오픈, 랜드 소유주 거버넌스 설립(입주협의회, DAO)

📍 3단계: 메타버스 게임 '클레이타워' 베타서비스, 메타버스 게임 '클레이타워' 정식 오픈, 내 가상부동산 임대 시 원화 임대료 지급, 마켓플레이스 월 임대료 호가 기능 도입

📍 4단계: 판매 및 결제기능 적용과 랜드 수수료 도입, 클레이타워 토크노믹스 추진, CEX 상장(클레이타워토큰을 중앙화거래소에 상장해 랜드 소유자/게임 플레이어 수익화 지원)

클레이타워, 어떻게 이용하지?

클레이타워가 궁금하세요? 그렇다면 이 QR을 스캔해보세요. 아주 쉽게 이용할 수 있습니다.

업랜드(UPLAND)
- 해외, 현실세계 반영, 실물경제 비연동

업랜드는 플레이어에게 게임 수확물을 소유할 수 있는 권리와 그것을 판매해 수익을 거둘 수 있는 권리를 주지 않는 게임사에 대항해 만들어진 가상부동산 거래 게임 플랫폼입니다.

●●● 업랜드의 특징

업랜드는 가상공간에 현실 공간의 실제 주소지(주소가 있는 곳)를 그대로 반영하고 그 주소지의 가상부동산을 거래하는 메타버스 플랫폼입니다.

업랜드는 플레이어에게 게임 수확물을 진정으로 소유할 수 있는 권리와 그것을 판매해 수익을 거둘 수 있는 권리를 주지 않는 게임사에 대항해 '팔 수 없으면 소유하지 않는 것이다'라는 철학을 기반으로 만들어진 가상부동산 거래 게임 플랫폼입니다.

업랜드는 다음과 같은 2가지 종류의 토큰을 제공합니다.

♦ 업랜드 안에서 부동산 채굴, 독특한 NFT 구매, 송신, 마켓플레이스 거래 등 게임 내 활동을 할 때는 UPX라는 토큰을 사용합니다. UPX는 업랜드 매장에서 달러로 구매할 수 있는데, 아직까지는 비트코인이나 이더리움 같은 가상자산으로는 구매할 수 없다고 하네요.

♦ 실제 주소와 일치하는 유일한 가상부동산임을 입증하기 위해 NFT(대체불가토큰)를 활용합니다. 업랜드의 가상부동산은 3m × 3m 정사각형인 UP^2로 나누어 거래되는데, 이것을 '업스퀘어(Upsquare)'라 합니다. 어스2에서는 '타일'이라고 하죠. '업스퀘어'의 수는 한정되어 있기에 소유권을 입증하는 NFT의 가격은 점점 더 상승할 것으로 예상됩니다.

업랜드 메인 화면 출처: 업랜드

업랜드 특징   출처: 업랜드

●●● 어떻게 수익을 낼까?

업랜드에서 가상부동산 거래를 통해서 180만 달러 이상의 수익이 발생하기도 했습니다. 가상부동산의 거래는 UPX코인으로 합니다. 그러므로 업랜드에서 수익을 냈다는 이야기는 UPX코인을 많이 벌었다는 뜻입니다.

업랜드에서는 가상부동산을 가지고 있으면 3시간마다 UPX코인을 받을 수 있습니다. 더 큰 수익을 내고 싶다면 오픈마켓에서 NFT를 거래해 UPX를 획득하면 됩니다.

하지만 거래하려면 플레이어의 등급이 업랜더 상태가 되어야 하

업랜드 수익구조   출처: 업랜드

는데, 그러려면 플레이어가 10,000UPX 이상을 가지고 있어야 합니다. 업랜드에서 수익을 내고 싶다면 UPX토큰부터 넉넉하게 구매해야겠네요. 대부분의 첫 업랜드 이용자는 4,500UPX 상태에서 게임을 시작합니다.

●●● 분양가와 실제 거래가격은 얼마?

2020년 1월에 출시한 업랜드는 분양가격(Minted Property)을 주변시세나 토지의 위치에 상관없이 토지의 면적에 따라 정했습니다. 그러나 그 후부터는 토지의 위치와 지역에 따라 $62UP^2$에 38,750원(1UP²당 625원)부터 31UP²에 1억 원(1UP²당 3,225,000원) 이상까지 다양한 거래가격을 형성하고 있습니다.

●●● 어떻게 거래할까?

플레이어는 업랜드 화면 오른쪽 상단에 있는 'Get UPX' 버튼을 클릭 후 신용카드, 페이팔 또는 암호화폐(Web-Only)를 사용해 '업랜드 스토어(THE UPLAND STORE)'에서 UPX를 구매하면 됩니다.

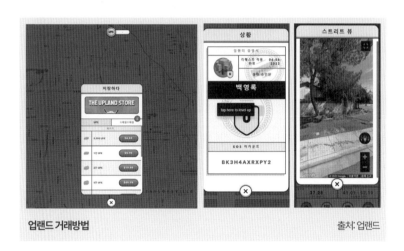

업랜드 거래방법   출처: 업랜드

●●● 향후 계획은?

업랜드는 Tilia Pay(세컨드라이프의 결제 네트워크)를 통해서 가상자산 거래를 하기로 했고, 이제는 가상자산을 법정화폐로 교환할 수 있습니다. 또한 앞으로 업랜드는 자신의 개입은 줄이고 플레이어들이 서로 직접 상호작용할 수 있는 기능을 제공할 예정입니다.

업랜드, 어떻게 이용하지?

업랜드가 궁금하세요? 그렇다면 이 QR을 스캔해보세 요. 아주 쉽게 이용할 수 있습니다.

더샌드박스(The Sandbox)
- 해외, 가상세계, 실물경제 비연동

아티스트는 창작물(Asset)을 판매하거나 SAND 스테이킹을 통해 수익을 창출할 수 있습니다. 크리에이터는 이벤트에 대한 보상을 받거나 SAND 스테이킹을 통해 수익을 창출할 수 있습니다.

●●●● 더샌드박스의 특징

더샌드박스는 플레이어가 가상공간에서 게임을 제작하고 게임 수확물을 소유하며 또 그 수확물을 판매해 수익을 낼 수 있는 P2E(Play to Earn) 메타버스 플랫폼입니다. 더샌드박스는 블록체인, NFT, 가상자산, 다오(DAO)가 적용된 게임 플랫폼입니다.

블록체인

위변조나 해킹이 어려워 사기나 보안에 안전합니다. 가상부동산의 소유권을 NFT로 변환할 수 있습니다.

더샌드박스 메인 화면

NFT

플레이어는 게임 서비스가 중단되거나 종료되더라도 가상부동산의 영구적인 유일한 소유자로서 해당 가상부동산을 NFT 거래소에서 거래할 수 있습니다. 플레이어는 자신의 창작물이나 아바타, 랜드(LAND), 기타 게임 요소들을 다른 게임 내에서 활용할 수 있습니다.

가상자산 SAND

이더리움 블록체인에 기반한 가상자산 SAND는 더샌드박스 플랫폼에서 핵심적인 역할을 하는 토큰입니다. 플레이어는 게임 장비를 구매하거나 아바타를 꾸미기 위해서 SAND를 활용합니다. 물론 더샌드박스 내 랜드(LAND)를 구매할 때도 사용됩니다.

SAND는 스테이킹(Staking)이 가능한데, 스테이킹은 창작물(Asset) 생성에 필요한 젬(Gem)과 카탈리스트(Catalyst)를 얻을 수 있는 유일한 방법입니다.

다오(DAO)

SAND 보유자는 탈중앙화된 자율조직(DAO, Decentralized Autonomous Organization)을 통해 플랫폼 운영 등에 관한 의견을 제안하고 투표로 의사결정을 할 수 있습니다.

더샌드박스 특징　　　　　　출처: 오픈씨(OpenSea)

●●● 어떻게 수익을 낼까?

📍 아티스트는 창작물(Asset)을 판매하거나 SAND 스테이킹(Staking)
을 통해 수익을 창출할 수 있습니다.

📍 크리에이터는 이벤트에 대한 보상을 받거나 SAND 스테이킹
(Staking)을 통해 수익을 창출할 수 있습니다.

📍 플레이어는 다양한 게임을 하면서 SAND 토큰을 획득하거나,
젬 및 카탈리스트를 판매하거나, SAND 스테이킹(Staking)을 통해
수익을 창출할 수 있습니다.

📍 랜드(LAND) 소유주는 랜드를 대여하거나, 랜드를 판매하거나,
SAND 스테이킹(Staking)을 통해 수익을 창출할 수 있습니다.

더샌드박스 수익구조   출처: 더샌드박스

♥ 투자자는 SAND 스테이킹(Staking)을 통해 수익을 창출할 수 있습니다.

●●● 어떻게 거래할까?

랜드는 일반 랜드와 프리미엄 랜드로 구분되며, 랜드는 SAND와 이더리움을 통해 거래됩니다. 랜드 크기는 1×1, 3×3, 6×6, 12×12, 24×24 등 여러 형태로 거래되는데요, 여러 랜드가 묶여 있는 것을 단지(Estate)라고 합니다. 더 큰 규모는 지역(District)이라고 합니다. 랜드는 더샌드박스에서 거래하지만 오픈씨(OpenSea) 거래소에서도 경

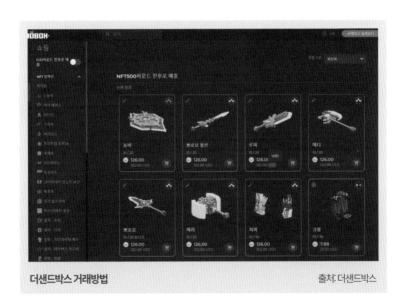

더샌드박스 거래방법   출처: 더샌드박스

매로 거래됩니다.

아티스트의 창작물(Asset)은 마켓플레이스에 판매할 수 있는데, 창작물 가격의 100%를 획득할 수 있습니다.

●●● 분양가와 실제 거래가격은 얼마?

2021년 11월 30일 게임 회사 아타리(ATARI) 소유의 샌드박스 랜드가 메타버스 부동산 개발업체인 리퍼블릭렐름에 430만 달러(51억 원)에 팔리기도 했는데, 2019년 말 50달러 수준이던 더샌드박스의 랜드(1×1 사이즈 기준)는 2021년 11월 기준 3이더리움 선에서 거래되었습니다. 당시 1이더리움이 약 550만 원임을 감안하면 2년 사이에 330배 가까이 상승한 것입니다.

더샌드박스의 토지 주인은 1만 6,000여 명에 달하는데, 미국인 다음으로 한국인이 가장 많습니다.

●●● 향후 계획은?

랜드를 임대하거나, 랜드 안에 경마장·게임장·쇼핑몰 등을 건설하거나, 프리미엄 랜드의 입장권 발매 등을 통한 수익 창출이 이루어지도록 할 예정입니다.

5,000개 이상 게임이 가능한 플랫폼을 구축하고, 신규 IP 및 프리미엄 NFT를 발표하며, 다오(DAO)를 통해 게임 플랫폼의 주요 의사결정에 참여할 수 있도록 허용할 계획입니다. 최근 무료로 플레이할 수 있는 샌드박스 알파 시즌3가 오픈되었습니다.

더샌드박스, 어떻게 이용하지?

더샌드박스가 궁금하세요? 그렇다면 이 QR을 스캔해보세요. 아주 쉽게 이용할 수 있습니다.

디센트럴랜드(Decentraland)
- 해외, 가상세계, 실물경제 비연동

디센트럴랜드를 구성하는 콘텐츠는 분산형 네트워크를 통해 저장·유통되고 소유권과 거래내역은
이더리움 블록체인으로 검증됩니다. 토지는 16m×16m 크기의 소포로 나뉩니다.

●●● 디센트럴랜드의 특징

디센트럴랜드는 플레이어가 콘텐츠와 애플리케이션을 만들고 경험하며 수익까지 창출할 수 있는 P2E(Play to Earn) 메타버스 플랫폼입니다.

디센트럴랜드는 이더리움 블록체인을 기반으로 한 분산형 가상현실 플랫폼입니다. 그러다 보니 디센트럴랜드는 중앙 집권적인 조직이 아닌 플레이어 자신이 그의 창작물을 소유하고 지배할 수 있는 네트워크를 구축할 수 있습니다. 디센트럴랜드를 구성하는 콘텐츠는 분산형 네트워크를 통해 저장·유통되고, 소유권과 거래내역은 이

디센트럴랜드 메인 화면　　　　　　　　　출처: 디센트럴랜드

더리움 블록체인으로 검증됩니다.

디센트럴랜드의 토지는 16m×16m 크기의 소포로 나뉩니다. 그리고 이 소포는 디센트럴랜드의 토큰인 마나(MANA)로 구매할 수 있습니다.

지역사회는 자원 일부를 활용해 지역사회 프로젝트에 자금을 지원하는 것이나, 플레이어가 아바타에게 불쾌하고 해로운 이름을 붙이지 못하도록 하는 것이나, 서버 네트워크에 촉매 노드를 추가하는 것이나, 토지 소유자나 마나(MANA) 토큰 등에 관한 의견을 다오(DAO, 탈중앙화 자율조직)에서 제안하고 결정합니다.

디센트럴랜드 특징　　　　　　　　　　　　　　　출처: 디센트럴랜드

●●● 어떻게 수익을 낼까?

　디센트럴랜드에서 수익을 창출하는 첫 번째 방법으로는 소포나 에스테이트(Estates)를 판매하는 것입니다. 소포는 16m×16m 크기의 디센트럴랜드 토지를 말하고, 에스테이트는 인접한 여러 소포가 모여 있는 걸 말합니다. 어찌 되었든 토지를 팔아 수익을 내는 것인데, 디센트럴랜드에서는 소포의 수량을 추가 공급을 하지 못하도록 고정했습니다. 이로 인해 소포의 가격은 시간이 지날수록 계속 상승할 것으로 예상됩니다.

　디센트럴랜드에서 수익을 창출하는 두 번째 방법으로는 플레이어의 콘텐츠를 판매하는 것입니다. 플레이어는 자신의 콘텐츠에 다른 플레이어가 접속할 때 그에게 요금을 부과할 것인지 여부나, 요금을 부과한다면 어떻게 부과할지에 관한 결정을 디센트럴랜드의 간섭 없이 할 수 있습니다. 디센트럴랜드에서의 성공은 모두 플레이어의 노력과 상상력에 달려 있습니다.

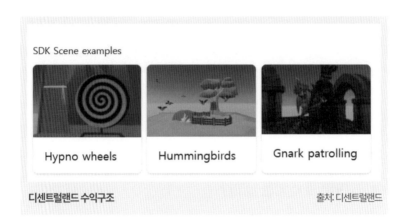

디센트럴랜드 수익구조   출처: 디센트럴랜드

●●○ 분양가와 실제 거래가격은 얼마?

2020년 2월에 출시한 디센트럴랜드는 면적과 위치에 따라서 랜드의 가격이 다양했는데, 플라자(Plaza)에서 멀리 떨어진 랜드는 174달러, 플라자와 가까운 랜드는 4만 달러였습니다. 최근 거래에서 174달러였던 랜드는 4,000달러로 22배 상승, 4만 달러였던 랜드는 43만 달러로 11배 정도 상승했습니다.

디센트럴랜드 투자는 개인뿐만 아니라 기업도 합니다. 2022년

2월에 독일의 유명 패션디자이너 필립 플레인은 플레인 패션 매장부터 엔터테인먼트, 미술관, 호텔, 고급 거주지까지 건설하기 위해 132만 달러(17억 원)에 약 5,000평 규모의 랜드를 구매했습니다. 2021년 12월에는 Maff Metaverse라는 업체가 차이나타운 근처에 있는 랜드를 11억 원에 매수했습니다.

●●○ **어떻게 거래할까?**

디센트럴랜드에서 거래는 마켓플레이스에서 하는데요, 개인 간 토지의 장외 판매도 가능합니다. 디센트럴랜드에서 거래의 핵심은 온라인 게임 내에서의 게임 회사와 플레이어 간의 현금거래인 '현

디센트럴랜드 거래방법   출처: 디센트럴랜드

질'입니다. 온라인 게임 내에서 게임 회사와 플레이어가 거래하고 결제할 수 있다면 거래 수수료를 지출할 필요도, 수수료를 결제할 시스템을 도입할 필요도 없으므로 무수한 경쟁자들과 대기업의 위협에서 벗어날 수 있습니다.

●●○ 향후 계획은?

다운로드나 검색하는 속도를 개선하거나, 콘텐츠가 손실 없이 네트워크 전체에 충분히 배포되도록 도전할 필요가 있습니다. 또한 클라이언트가 개인 키를 보유하고 소액결제를 자주 승인할 수 있을 만큼 충분히 안전한 애플리케이션 프로그램 인터페이스(API)를 구축하거나 성인용 콘텐츠 필터링 문제(포르노, 폭력, 도박 등)도 해결해야 합니다.

디센트럴랜드, 어떻게 이용하지?

디센트럴랜드가 궁금하세요? 그렇다면 이 QR을 스캔해 보세요. 아주 쉽게 이용할 수 있습니다.

법률과 제도적 측면, 교육적 측면, 기술적 측면, 환경적 측면, 경제적 측면에서 다각도로 보았을 때 가상부동산은 과연 투자가치가 있을까요? 가상부동산의 가치를 정확하게 평가하는 방법은 무엇일까요? 우선 가상부동산에 투자하기 전에 꼼꼼하게 살펴보세요.

가상부동산의
투자가치와 미래 전망

Investment & Outlook

가상부동산은
어느 정도의 가치를 가지나?

가상부동산은 투자가치가 있을까요? 어떤 이들은 투자가치가 있다고 하고, 어떤 이들은 투자가치가 없다고도 합니다. 그럼, 가상부동산의 투자가치에 대해 다양한 각도에서 살펴보도록 하겠습니다.

● ● ● 법률과 제도의 안전성

2022년 5월에 'K 코인'인 루나·테라 폭락으로 58조가 증발하며 가상자산 시장이 흔들리자 검찰까지 나서서 수사에 착수했는데요, 사실 이번 사태는 사전에 막을 수 있었던 인재라고 할 수 있습니다. 그동안 학계나 연구단체가 가상자산 거래자에게 투명한 정보를 제공하고, 불공정거래를 방지하기 위한 법률의 개정 및 제정을 꾸준하게 촉구했음에도 가상자산 관련 법률안이 국회에서 계류중에 있었습니다.

그렇다면 가상부동산의 현재 상황은 어떨까요? 2021년 12월 말 국내 가상부동산 플랫폼 중 하나가 오픈 이틀 만에 '결제 및 보안 프로세스 안정성 확보'라는 이유로 일방적으로 서비스 운영을 중단했습니다. 이에 피해자 일부는 금융당국에 도움을 호소했지만 관리·감독 대상이 아니라는 답을 들었습니다.

가상부동산 플랫폼에서 제공하는 백서에는 사고발생 시 플랫폼이 책임지겠다는 내용이 없습니다. 가상부동산은 가상자산의 거래소처럼 서로 다른 가상부동산의 정보를 공유하고 거래할 수 있는 거래소가 없습니다.

이처럼 현재는 가상자산처럼 가상부동산도 거래의 안전성을 보장할 수 있는 법률이나 제도가 미흡한 상태입니다. 그러나 최근 가상자산 투자자의 보호와 관련된 법과 제도의 마련이 시급하다는 지적에 윤석열 정부는 새 정부의 5년간 청사진을 담은 '경제정책방향'에서 디지털자산 관련 최초의 업권법인 '디지털자산기본법' 제정을 추진하겠다고 발표했습니다. 그러므로 이때 가상부동산에 관한 법률의 제정과 제도의 보완도 함께 이루어진다면 앞으로는 좀 더 안전하게 가상부동산을 거래할 수 있을 것입니다.

가상부동산에 관한 법률과 제도의 안착은 국회나 정부가 해주는 것이 아니라 가상부동산에 관심이 있는 사람 모두의 노력으로 이루어지는 것입니다.

가상부동산의 교육적 가치

가상부동산 플랫폼의 기본적인 틀은 게임입니다. 사람들이 가상부동산 플랫폼을 수월하게 이용할 수 있어야 하는데, 이렇게 할 수 있는 가장 좋은 방법이 게임이기 때문입니다. 정도의 차이는 있겠지만 남녀노소 누구나 게임은 좋아하니까요.

그렇다면 게임 형태의 가상부동산이 교육적으로 유익할까요, 아니면 유해할까요?

이에 대한 결론을 내기 전에 먼저 게임이 학습에 미치는 영향에 대해서 살펴보겠습니다.

첫 번째, 미국 서던 캘리포니아대학교 애넌버그 커뮤니케이션 스쿨의 더그 토마스 주임 교수는 게임을 통해 사고력과 문제 해결 능력을 키울 수 있다고 주장했습니다. 또한 그는 게임은 성공하기까지 거쳐야 하는 수많은 실패를 안전하게 경험할 수 있는 자연스러운 방법이라고도 이야기했지요.

두 번째, 게임은 학생이 STEM(Science·Technology·Engineering·Mathematics) 등 여러 어려운 분야에 관심을 두게 할 수 있습니다. 실제로 오클라호마대학교는 게임을 활용해 학생의 미적분학 숙련도를 높이기도 했습니다.

세 번째, 가상세계 안에서 서로 대화를 하면서 하는 게임은 사회적 행동(Social Play)으로 사회적인 고립이 아닌 팀워크나 협동놀이

(Collaborative Play)를 배울 수 있도록 해준다고 합니다.

네 번째, 샤리프와 사전트에 의하면 교육적인 게임을 하면 학업성취도에 긍정적인 영향을 끼치고, 반대로 폭력적인 게임을 하면 집중력과 학업성취도에 부정적인 영향을 끼친다고 합니다. 또한 파크스에 의하면 단순히 게임을 한다는 것만으로 아이들의 성격 발달에 악영향을 끼치진 않는다고 합니다.

물론, 게임을 장시간 하면 운동량 감소로 체력이 저하되고, 취침 1~3시간 전에 게임을 하면 수면에 나쁜 영향을 끼쳐 인지능력이 떨어질 수 있습니다.

게임이 학습에 미치는 영향에 대해서 살펴보니 폭력적인 게임을 하지 않고, 장시간 게임을 하지 않는다면 게임이 학습에 미치는 영향이 긍정적이라고 할 수 있습니다.

가상부동산은 남녀노소 모두가 많은 돈이 필요하면서도 어렵기까지 한 부동산 투자를 적은 비용으로 여러 번 경험해볼 수 있는 유익한 게임입니다.

또한 사람들은 가상부동산을 경험하면서 미래를 이끌어가는 3D 프린터 전문가, 빌딩 정보 모델링 전문가, 웨어러블 전문가, 드론 전문가, IoT 전문가, 스마트 도시 전문가, 가상현실 전문가, 빅데이터 전문가, AI 전문가, 클라우드 시스템 전문가, 블록체인 전문가, 코딩 교사, 정보보호 전문가(사이버 탐정), 디지털 포렌식 수사관, 스마트폰 앱 개발자, 게임 기획자, 게임 테크니컬 아티스트, 그래픽 디자이너,

핀테크 전문가(가상부동산 분석가), 게임중독 치료 전문가 등의 직업에 자연스럽게 친숙해지고 이러한 다양한 직업을 통해 수익을 얻을 수 있는 기회도 생길 것입니다.

●●● 가상부동산의 기술적 가치

VR, AR, MR, XR, 블록체인, 가상자산, NFT, 디파이(DeFi), 웹3.0, 다오(DAO), 디앱(DApps) 등의 기술로 인해 사람들은 예전보다 더 편리한 생활을 할 수 있게 되었습니다. 이제는 가상공간 안에 모델하우스를 설치하고 곳곳에 인공지능(AI) 안내원을 배치해 실시간 채팅 상담이 가능하게 함으로써 고객들이 시간과 공간의 구애를 받지 않고 모델하우스를 편리하게 구경할 수 있습니다.

또한 실내 공간인 주방·거실·안방뿐만 아니라 창문 밖 외부 전경까지 3차원(3D) 입체영상으로 볼 수 있고, 가구 배치와 인테리어를 직접 시도해볼 수 있는 데다가, 가상현실(VR) 기능을 통해 단지 내 스포츠 공간도 체험해볼 수 있어 언제 어디서든지 관심 있는 매물을 살펴볼 수 있습니다.

홈네트워크 시스템이 구축되어 있지 않은 아파트라도 스마트 소품과 스마트 가전을 활용해 여러 브랜드의 제품을 하나의 앱(Application)으로 제어할 수 있습니다. 사물에 센서를 부착해 실시간으로 데이터를 인터넷으로 주고받는 사물인터넷(IoT)을 하는 것이죠. 스위치, 김치냉장고, 정수기, 공기청정기, 제습기, 스마트플러그, 레인지후드, 하이브리드 전기레인지, 금고, 에어컨, 도어락, 문열림센서, 전기밥솥, 에어워셔, 가스차단기 등이 있습니다.

홈네트워크 시스템이 구축된 아파트나 오피스텔 단지에서는 아파트 빌트인(Built-in) 기기와 일부 공용부 시설을 앱으로 제어할 수 있는데 조명, 난방, 가스밸브, 엘리베이터 호출, 관리비, 에너지 사용량, 주차 위치 확인 등이 있습니다.

현대자동차가 'CES 2022 미디어 콘퍼런스'에서 발표한 '메타모빌리티(Meta Mobility)' 기술을 활용하면 머지않아 화성에 직접 가지 않고도 화성에 있는 로봇개 스팟이 보내온 데이터로 만든 메타버스에 접속해 실제 화성에 있는 것과 같은 체험을 할 수도 있습니다.

가상부동산 관련 여러 기술이 현실세계에도 아주 유용하게 쓰이고 있는데요, 이러한 기술이 점점 개선되고 발달할수록 현실세계와 가상세계가 하나가 되는 날도 그만큼 가까워지게 될 것입니다.

기술 자체는 선하지도, 악하지도 않습니다. 다만 그 기술을 사용하는 우리 인간에 의해 기술이 선하게 작용하기도 하고 또는 악하게 작용하기도 하는 것입니다.

●●● 가상부동산의 환경적 가치

가상부동산을 운용하거나 이용하면 환경보호에 도움이 될까요? 가상부동산과 아주 밀접한 프롭테크(Prop Tech)의 활용 사례를 먼저 살펴보겠습니다.

가상주택전시관이나 디지털 모델하우스를 운영하면 몇 달 사용하고 철거해버리는 주택전시관이나 모델하우스를 지을 필요가 없습니다. 거울세계는 가상공간에 현실세계의 정보를 쌍둥이처럼 그대로 나타내기 때문에 실제로 건축물을 짓지 않아도 여러 가지 실험을 해볼 수 있습니다. 3D프린터 건축은 적은 건설비용과 에너지를 사용하면서도 일반 건축 시 발생할 수 있는 폐기물의 70%를 줄일 수 있습니다. 패스트파이브·위워크·밸런스 스페이스·스매치 같은 공유 오피스, 키친밸리 같은 공유 주방을 활용하면 추가적인 건물을 짓지 않아도 됩니다. 스마트빌딩은 빌딩자동화·사무자동화·정보통신·시스템 통합 기술을 활용하므로 안전하고 쾌적하면서도 에너지를 절약할 수 있습니다.

그러므로 가상부동산을 활용하면 많은 에너지를 절약할 수 있고, 불필요한 건축물을 짓지 않아도 되므로 환경오염을 줄일 수 있습니다.

••• 가상부동산의 경제적 가치

2021년부터 가상부동산을 초기에 선점하기 위한 움직임이 활발했습니다. 디센트럴랜드는 2021년 초 약 4만 명이었던 이용자가 2022년에는 약 80만 명으로 무려 20배나 증가했습니다. 가상부동산에 관한 관심은 개인뿐만 아니라 기업들도 많은데요, 그 이유는 가상세계와 가상자산에 대한 이해도가 높고 이들을 자주 애용하는 Z세대에게 좀 더 친밀한 방법으로 자사의 제품을 광고하거나 판매할 수 있기 때문입니다.

메타버스그룹(Metaverse Group)은 가상부동산을 개발하기 위해, 삼성은 가상 매장을 건설하기 위해 디센트럴랜드 내 가상부동산을 구매했습니다. 아디다스는 자사 제품의 광고를 하기 위해, 워너 뮤직은 가상세계에서 펼칠 콘서트 장소를 위해 더샌드박스와 파트너십을 맺었죠.

가상부동산에 대한 수요가 증가하면서 이들의 가격도 상승했습니다. 더샌드박스는 토지 1개의 가격이 2019년 말 5만 원에서 2021년 말 1,500만 원으로 300배나 가격이 급등했고, 2020년 말에 호주에서 출시된 어스2는 5.5달러에서 1,000달러까지 181배나 상승했습니다.

그런데 가상부동산은 이렇게 가격이 상승할 만큼의 경제적 가치가 있을까요? 경제는 순환이 매우 중요한데요, 가상부동산을 방문한 사람에게 서비스가 만족스럽게 제공된다면 또 다른 사람도 가상부동산을 찾을 것입니다. 가상부동산의 경제적 가치는 이와 같은 선순환이 지속되는 한 앞으로 계속해서 상승할 것으로 보입니다.

●●◦ 가상부동산은 투자대상인가?

가상부동산이 출시된 지는 3년도 되지 않습니다. 가상자산보다도 늦게 출시되었지요. 그래서인지 일부에서는 가상부동산을 적합한 투자대상으로 여기지 않기도 합니다. 가상부동산은 앞으로 검증되어야 할 것들도 많고, 관련된 기술의 개선과 법률의 제정도 필요하지요.

하지만 메타버스 시대가 이미 우리들의 눈앞에 와 있고, 우리도 조금이나마 메타버스를 경험하고 있으며, 메타버스 역시 물러설 기세가 아닙니다.

가상부동산은 사람들이 메타버스 시대를 살아갈 때 필요한 다양한 기술을 자연스럽게 습득할 수 있는 게임입니다. 여러 가지 다양한 기술이 접목된 투자대상일수록 대중화되기 전에 미리 공부해야 합니다. 대중화된 후에 아무런 준비 없이 투자하게 되면 잘 모르는 상태에서 마음만 급해져 결국은 '묻지마식' 투자를 합니다. 어쩌다 얻어걸리지 않는 한 대부분은 손해를 보지요. 그러므로 가상부동산은 배척하거나 회피해야 할 대상이 아니라 차분하게 다가서야 할 대상입니다.

가상부동산의
가치평가 방법

가상부동산의 역사가 짧은 만큼 아직은 가상부동산의 가치를 정확하게 평가하는 방법은 없습니다. 그럼 가상자산의 가치를 평가하는 방법으로는 어떠한 것들이 있는지 한번 볼까요?

가상부동산의 역사가 짧은 만큼 아직은 가상부동산의 가치를 정확하게 평가하는 방법은 없습니다. 하지만 가상부동산의 가치평가는 매우 중요한 부분이기 때문에 그 답을 가상자산의 가치분석 방법에서 찾아보고자 합니다. 그 이유는 가상부동산도 가상자산처럼 인터넷을 통해서 가치를 전달한다는 점에서, 일부이긴 하지만 가상부동산도 가상자산처럼 블록체인을 활용한다는 점에서 서로가 매우 유사하기 때문입니다.

그럼 가상자산의 가치를 평가하는 방법으로는 어떠한 것들이 있는지 한번 볼까요?

멧커프의 법칙

멧커프의 법칙(Metcalfe's Law)은 1980년 미국의 전기공학자이자 스리콤(3Com)사의 창립자인 로버트 멧커프가 제안한 것으로, '네트워크의 가치는 네트워크 참여자(노드)들을 이어주는 연결고리의 숫자에 비례한다'라는 법칙입니다.

여기서 참여자 수를 n이라고 하면 연결고리의 숫자는 $n(n-1)/2$가 됩니다. 예를 들어 어떤 네트워크 이용자가 2명이면 연결고리는 1개, 이용자가 5명이면 연결고리는 10개, 이용자가 12명이면 연결고리는 66개로 증가합니다. 네트워크의 가치가 기하급수적으로 증가하는 것이지요.

이 법칙은 네트워크를 활용하는 가상자산에 매우 적합한 가치평가 방법인데요, 가상부동산의 가치를 평가하기에 적절한 방법이 될 수 있다고 판단됩니다.

그러나 아직까지는 가상부동산의 참가자 수를 실시간으로 확인하기가 어렵습니다. 또한 이 법칙은 참가자 간의 차이는 고려하지 않고 단지 참가자 수만 생각하므로 가상부동산의 가치가 왜곡될 수 있습니다.

예를 들어 1만 원 참가자 10명과 10만 원 참가자 5명인 2가지 경우의 가상부동산이 있다고 가정했을 때, 1만 원 10명은 연결고리가 45개, 10만 원 5명은 연결고리는 10개이므로 연결고리 개수만 보면 1만 원 10명인 가상부동산의 가치가 10만 원 5명인 가상부동산의 가치보다 클 것 같지만, 실제로는 1만 원 10명인 가상부동산의 가치는 45만 원이고, 10만 원 5명인 가상부동산의 가치는 100만 원으로 결과는 정반대로 나타납니다.

$$가상부동산의\ 가치 = n(n-1)/2$$
[n은 가상부동산 플랫폼 방문자 수]

●●● 화폐수량설

화폐수량설(Quantity Theory of Money, QTM)은 16세기경부터 나타난 법칙으로 '화폐공급량이 증가하면 물가수준이 상승하고 화폐공급량이 감소하면 물가수준도 하락한다'는 경제이론입니다.

'MV = PQ'라는 교환방정식으로 설명할 수 있습니다. 가상자산의 가치평가 시에 M은 가상자산 적정가치, V는 가상자산의 유통속도(가상자산이 사용되는 평균 빈도), P는 집행된 거래의 평균가격, Q는 거래 건수로 봅니다. 가상부동산 역시 M은 가상부동산의 시가총액, V는 가상부동산의 유통속도, P는 거래된 가상부동산의 평균가격, Q는 가상부동산의 거래 건수로 볼 수 있습니다.

그런데 이 법칙을 가상부동산에 적용하고자 할 때 거래된 가상부동산의 평균가격과 거래 건수는 확인할 수 있으나, 가상부동산의 유통속도는 측정하기 어렵습니다. 가상자산의 가치를 평가할 때도 V 값의 측정이 쉽지 않다는 것이 이 법칙의 단점입니다.

가상부동산의 적정가치 M = PQ / V
[P는 평균가격, Q는 거래 건수, V는 유통속도]

●●● 원가접근법

원가접근법(Cost of Production)은 부동산 가치평가의 3가지 방법인 원가접근법, 비교접근법, 소득접근법 중의 하나로, 해당 부동산이 소실되었을 경우 이를 다시 짓는 데 들어가는 원가(토지구매 비용과 건축비용)가 해당 부동산의 가치를 결정한다는 법칙입니다.

원가접근법은 비트코인에서도 적용된 가치평가 방법인데요, 비트코인을 채굴하기 위해서는 채굴기 구매 비용뿐만 아니라 채굴기의 연산력과 성능 향상을 위한 엄청난 전기사용료가 들어가기 때문입니다. 원가접근법을 활용하면 하락장에서 비트코인의 바닥값을 찾을 수 있습니다.

그러나 가상부동산은 실제 부동산과 다르게 토지 분양가가 매우 저렴하고, 해당 토지에 건축비용은 거의 들어가지 않습니다. 비트코인처럼 채굴 비용도 부담하지 않습니다. 그러므로 원가접근법은 맨 처음 분양받은 가상부동산에 적용하기에는 적합하지 않을 수 있습니다. 하지만 여러 번의 거래 과정에서 이미 거래가격이 반영된 가상부동산에는 적용할 수도 있겠네요.

●●● Market Value/Realized Value 비율(MV/RV)

실현가치(Realized Value, RV)는 2018년 미국의 블록체인 데이터업체 코인메트릭스(Coin Metrics)가 제시한 비트코인의 가치평가 방법으로 온체인 데이터(블록체인에 저장된 네트워크상의 모든 전송 내용)를 활용했습니다.

시가총액(MV)은 현재의 시장 가격을 모든 코인에 일괄적으로 적용해 유통 코인의 가치를 평가하고, 실현가치(RV)는 각 코인이 체인상에서 마지막으로 거래되었을 당시의 시가를 적용해 유통 코인의 가치를 평가합니다.

예를 들어 총 3회에 걸쳐 100개의 코인이 거래되었다고 다음과 같이 가정해보죠.

> ■ 총 3회에 걸쳐 100개의 코인이 거래되었다고 가정
> - 첫 번째 35개의 코인을 $5에 구매
> - 두 번째 25개의 코인을 $15에 구매
> - 세 번째 40개의 코인을 $10에 구매

현재 코인의 시가가 $10이라면 시가총액(MV)은 '$1,000(100개×$10)'이고, 실현가치(RV)는 '$950[(35개×$5)+(25개×$15)+(40개×$10)]'입니다.

100개 코인의 평균단가는 '$950/100개 = $9.5'로 시가 $10보다 $0.5가 저렴합니다. 이는 비트코인의 가치가 소유자가 부담한 비용보다 $0.5만큼 크다는 것이고, 다른 말로 비트코인 소유자는 $0.5만큼의 이익을 본다는 것입니다.

가상부동산에도 MV/RV를 활용할 수 있습니다. 그러나 블록체인 기술이 적용되지 않은 가상부동산에는 활용하기 어렵습니다.

가상부동산에 MV/RV를 활용하면 자신이 해당 가상부동산을 소유하기 위해 부담한 비용이 평균 거래가격보다 높은지 아니면 낮은지를 확인할 수 있습니다.

MV = RV

[MV는 시가총액, RV는 마지막 거래 시 시가의 합]

●●● Network Value/Network Transaction Value 비율(NV/NTV)

네트워크 가치(Network Value)/네트워크 거래량(Network Transaction Value) 비율(NV/NTV)은 2017년 가상자산 분석가 윌리 우가 제안한 법칙으로, '네트워크의 가치는 네트워크상에서 교환되는 거래량에 비례한다'라는 것입니다.

2017년 이후 수많은 전문가에 의해 단점을 보완한 다양한 버전이 나왔는데요, 그중 하나가 NVT 비율(Network Value to Transaction Ratio)입니다. 'NVT 비율=Network Value(네트워크 가치, 시가총액)/Daily Transaction Value(일일 거래량)'인데요, 'NV=유통되고 있는 코인 수×코인의 가격'입니다.

NVT 비율은 주식평가 시 사용되는 PER에 비유되곤 합니다. NVT 비율 값이 크다면 네트워크 가치가 고평가되어 있다는 것이고, 반대로 NVT 비율 값이 작다면 네트워크 가치가 저평가되어 있다는 것입니다. NVT 비율은 미래의 거품을 예측할 수는 없지만, 현재의 네트워크 가치가 거품인지, 만약에 거품이라면 언제까지 조정이 이어질지 정도는 예측할 수 있습니다.

NVT 비율도 온체인 데이터(블록체인에 저장된 네트워크상의 모든 전송 내용)를 활용합니다. 그러므로 블록체인 기술이 적용되지 않은 가상부동산에는 활용하기 어렵습니다. 블록체인 기술이 적용된 가상부동산에 NVT 비율을 활용할 때 NV를 시가총액으로 해석하면 됩니다.

NVT 비율 = NV / 일일 거래량

[NV는 시가총액]

가상부동산 성공 투자를 위한
체크리스트

07. 환금성, 08. 유동성, 10. 수익률, 20. 상식적 수익구조, 22. 로드맵 실현 가능성, 30. 블록체인, 31. NFT 항목에 부정적으로 체크되는 가상부동산은 투자하지 않는 것이 좋습니다.

가상부동산에 투자할 때 가장 중요하게 생각하는 점은 '해당 가상부동산의 수익률은 얼마일까?'일 것입니다. 그러나 수익률보다도 더 중요한 것은 바로 '얼마나 안전한가?'입니다. 가상부동산은 실제 부동산과 달리 현물이 아니고 가상이므로 플랫폼이 문을 닫으면 사라질 수 있습니다.

그러므로 가상부동산에 투자하기 전에 반드시 체크리스트(Check List)로 안전성이나 투자가치 등을 확인해봐야 합니다. 물론 이 체크리스트가 모든 사고를 예방해줄 수는 없습니다. 그래도 가상부동산 투자자분들에게 조금이나마 도움이 되었으면 좋겠네요.

가상부동산 체크리스트

번호	분류	지표	지표설명	체크
01	가격	시가총액	플랫폼 내 가상부동산의 총 가격	상, 중, 하
02		분양가격	가상부동산을 분양받은 가격	상, 중, 하
03		평균 거래가격	플랫폼 내 가상부동산의 평균 거래가격	상, 중, 하
04		거래가격	가상부동산을 구매한 가격	상, 중, 하
05	거래	참여자 수	가상부동산 거래자나 이용자	상, 중, 하
06		일일 거래량	하루 동안 가상부동산을 거래한 양	상, 중, 하
07		환금성	가상부동산의 현금화 가능성	네, 아니오
08		유동성	가상부동산의 현금화 속도	상, 중, 하
09	수익	임대료	가상부동산을 임대하고 받는 돈	상, 중, 하
10		수익률	투자 비용 대비 버는 돈의 비율	상, 중, 하
11		수익 모델의 다양성	플랫폼 내 돈 버는 방법의 많은 정도	상, 중, 하
12	특징	토지면적(전체)	플랫폼이 공급하는 토지의 면적	상, 중, 하
13		토지면적(본인)	자신이 가지고 있는 가상부동산의 면적	상, 중, 하
14		건물 유무(본인)	자신의 토지 위에 자신의 건물 유무	네, 아니오
15		건물 종류(본인)	자신이 지은 건물의 종류	상가, 주택, 기타
16		건물 유무(주변)	자신의 가상부동산 주변에 건물 유무	네, 아니오
17		건물 종류(주변)	주변 건물의 종류	랜드마크, 상가, 주택, 기타
18		랜드마크와의 거리	자신의 가상부동산과 랜드마크와의 거리	상, 중, 하
19		도로 접근성	자신의 가상부동산과 도로와의 거리	상, 중, 하
20	안전	상식적 수익구조	가상부동산 수익구조의 실현 가능성	네, 아니오
21		파트너십	동업자가 있는지, 있다면 사실인지	네, 아니오
22		로드맵 실현 가능성	플랫폼의 향후 계획 실현 가능	네, 아니오

23		코인 상장 가능성	가상부동산 플랫폼 전용 코인 상장 가능성	네, 아니오
24		지인 추천 인센티브	지인 추천 시 인센티브 제공	네, 아니오
25		본인 추천 인센티브	본인 추천 시에도 인센티브 제공	네, 아니오
26		예치 코인 고배당	코인 보유량에 따라 이자를 많이 배당	네, 아니오
27		언론·대중 관심도	언론·대중의 관심도 정도	상, 중, 하
28		기존 투자자 평판	기존 투자자의 좋은 평판 정도	상, 중, 하
29		가상부동산의 이해도	투자대상인 가상부동산에 대한 이해 정도	상, 중, 하
30	기술	블록체인	블록체인 적용	네, 아니오
31		NFT	NFT 적용	네, 아니오
32		웹3.0	웹3.0 적용	네, 아니오
33		다오(DAO)	다오 적용	네, 아니오
34	정책	이자율	대출 이자율 정도	상, 중, 하
35		세금	세금납부 대상	네, 아니오
36		규제	규제 종류	P, N

01. 시가총액 가상부동산 플랫폼의 시가총액이 크다는 것은 그만큼 자산규모가 크다는 것이긴 하나, 그렇다고 해서 투자자에게 무조건 유리하다고 볼 수는 없습니다. 시가총액이 크다고 해서 반드시 안전한 것은 아니니까요.

02. 분양가격 가상부동산의 분양가격이 저렴하면 투자 자금이 적게 들어가긴 하나, 무조건 투자자에게 좋은 건 아닙니다. 투자가치가 없거나 아니면 사기일 수도 있으니까요.

03. 평균 거래가격 가상부동산 플랫폼 내의 평균 거래가격보다 자신이 구매한 가격이 낮으면 이익입니다. 그만큼 저렴하게 산 것이니까요. 반면에 자신의 가상부동산 플랫폼의 평균 거래가격이 다른 가상부동산 플랫폼의 평균 거래가격보다 높다면 그만큼 자신의 가상부동산 가치가 더 높다고 판단할 수 있습니다.

04. 거래가격 가상부동산을 저렴하게 구매하면 이익을 볼 수도 있지만, 그렇다고 무조건 좋은 건 아닙니다. 저렴한 만큼 가치가 낮을 수도 있기 때문입니다.

05. 참여자 수 가상부동산 거래에 참여했든지, 가상부동산 체험을 했든지 해당 가상부동산 플랫폼의 방문자가 많다는 건 그만큼 알려졌고 활성화되었다는 뜻입니다.

06. 일일 거래량 가상부동산의 하루 거래량이 많다는 것은 그만큼 활성화되었다는 뜻입니다.

07. 환금성 가상부동산을 한화(₩)나 달러($) 같은 법정화폐로 교환할 수 있어야 합니다. 그렇지 못하다면 투자는 좀 고민을 해봐야 합니다.

08. 유동성 가상부동산을 한화(₩)나 달러($) 같은 법정화폐로 교환하는 데 오래 기다려야 한다면 이러한 가상부동산 투자도 좀 고민을 해봐야 합니다.

09. 임대료 많은 임대료를 꾸준하게 받을 수 있다는 건 아주 좋은 점입니다. 하지만 해당 플랫폼이 이런 임대료를 감당하기 어려운

수익구조라면 투자하면 안 됩니다. 곧 파산할 테니까요.

10. **수익률** 수익률은 높을수록 좋습니다. '수익률=(수익/투자금액)×100'의 공식을 기억하세요.

11. **수익 모델의 다양성** 가상부동산 플랫폼 내에서 수익을 내는 방법이 많을수록 좋습니다. 그만큼 돈 벌 기회가 많다는 뜻이니까요.

12. **토지면적(전체)** 가상부동산 플랫폼의 전체 토지면적이 너무나 좁으면 플랫폼이 성장하기에 한계가 있지만, 그렇다고 너무나 넓으면 자신의 가상부동산 희소가치가 떨어질 수 있습니다.

13. **토지면적(본인)** 일반적으로 자신이 가지고 있는 가상부동산의 면적이 넓으면 그만큼 많은 시세차익을 볼 수 있어 좋습니다. 단, 돈이 문제지요. 부익부 빈익빈!

14. **건물 유무(본인)** 가상부동산 플랫폼 내의 토지를 구매했다면 건물을 짓는 게 좋습니다. 공연장이든, 전시장이든, 광고 장소든 빌려주고 임대료를 받을 수 있으니까요.

15. **건물 종류(본인)** 가상부동산 플랫폼 내의 토지에 건물을 짓고자 한다면 일반적으로는 주택보다는 상가건물을 짓는 게 좋습니다. 주택보다는 상가건물이 장사하거나 전시하거나 광고하는 등 용도가 다양하기 때문입니다.

16. **건물 유무(주변)** 가상부동산 플랫폼 내에서 자신의 건물 주변에 다른 건물들이 많을수록 좋습니다. 그래야 상권이라는 것이 형성될 테니까요.

17. **건물 종류(주변)** 가상부동산 플랫폼 내에서 자신의 건물 주변에 있는 건물이 해당 지역을 대표하는 랜드마크라면 대박입니다. 그렇지 않더라도 상가건물이 주변에 있어도 좋습니다.

18. **랜드마크와의 거리** 자신의 가상부동산이 해당 지역을 대표하는 랜드마크나 유명인이 소유한 건물과 가까이 있다면 그 자체만으로도 가치가 상승할 수 있습니다.

19. **도로 접근성** 현실세계의 부동산이 도로에 접해 있으면 그렇지 않은 부동산보다 가격이 높은 것처럼 가상부동산도 마찬가지입니다.

20. **상식적 수익구조** 수익률이 높고 백서의 내용이 그럴싸해도 해당 가상부동산의 수익구조가 비상식적이라면 가차 없이 미련을 버려야 합니다. 100% 손해를 보기 때문입니다.

21. **파트너십** 공공기관이나 유명단체와 협업하고 있다는 건 그만큼 해당 가상부동산의 가치가 높아질 수 있다는 뜻입니다. 하지만 그 말만 무조건 믿고 투자하지 마세요. 정말 그런지 반드시 확인해봐야 합니다. 눈으로 보기 전까지는 아무것도 믿지 마세요.

22. **로드맵 실현 가능성** 가상부동산 플랫폼 백서를 보면 맨 뒷부분에 앞으로 어떻게 하겠다는 향후 계획이 적혀 있는데요, 그 계획을 있는 그대로 믿어도 될까요? 백서에 전문 용어가 많아 이해가 잘 가지 않는다면 해당 전문가의 도움을 받아서라도 그것이 실제로 가능한 계획인지 반드시 확인해봐야 합니다. 불가능한 계획을 그럴싸하게 보이려고 이해하기 어려운 용어로 적어놓을 수도 있기

때문입니다.

23. **코인 상장 가능성** 가상부동산 플랫폼 중에는 자신만의 플랫폼 전용 코인을 만들기도 하는데요, 해당 코인을 가상자산 거래소에서도 거래할 수 있다면 환금성과 유동성 문제는 자연스럽게 해결됩니다. 물론 해당 코인의 가격이 얼마인지도 중요합니다.

24. **지인 추천 인센티브** 지인에게 가상부동산 플랫폼을 추천해서 그 지인이 해당 가상부동산에 투자하면 추천인에게 인센티브를 주기도 합니다. 이런 경우에는 일단 다단계가 아닌지 의심해봐야 합니다. 물론 이렇다고 해서 모두 다단계인 건 아니지만요. 돌다리도 두드려가면서 건너야 안전합니다.

25. **본인 추천 인센티브** 지인 추천 인센티브의 경우에도 투자하기 전에 다단계인지 확인해봐야 하는데, 본인이 본인을 추천해도 인센티브를 준다면 다단계인지 아니면 수익구조가 비상식적인지 투자 전에 반드시 확인해보세요.

26. **예치 코인 고배당** 디파이(DeFi)는 가상자산을 예치하면 이자와 더불어 거버넌스 토큰까지 주는데요, 그 이유는 가상자산의 유동화에 도움을 주기 때문이죠. 그런데 이런 게 아니라 많은 투자자를 유치하기 위해 고배당의 이자를 주는 경우가 있습니다. 이런 경우 가상부동산 플랫폼에 대한 신뢰가 무너지면 해당 가상부동산의 가치가 폭락할 수 있습니다. 이자를 많이 준다고 해서 무조건 좋아하면 안 됩니다.

27. **언론·대중 관심도** 언론이나 대중의 관심도가 높은 가상부동산 플랫폼이라면 눈여겨볼 필요는 있습니다. 그렇다고 해서 무조건 투자가치가 있는 가상부동산이라고 볼 수 없으므로 반드시 수익구조, 적용된 기술, 평판, 거래가격, 환금성, 유동성 등을 꼼꼼하게 살펴본 후 투자해야 합니다.

28. **기존 투자자 평판** 정직한 경험자의 말보다 더 좋은 정보는 없습니다. 그렇다고 한 사람 말만 믿고 투자를 결정하지 말고 여러 경험자의 말을 들어본 후 투자를 결정하세요.

29. **가상부동산의 이해도** "알아야 면장을 한다"라는 속담이 있는데요, 가상부동산이 새로운 블루오션이라고 하더라도 자신이 투자하고자 하는 가상부동산에 대해 충분히 파악한 후에 투자해야 합니다. '묻지마 투자'는 실패의 지름길입니다.

30. **블록체인** 가상부동산 시장에서 위변조가 어려운 블록체인은 대세입니다. 블록체인이 적용되었는지 꼭 확인하세요.

31. **NFT** 가상부동산 플랫폼이 파산하면 NFT화된 가상부동산의 소유권이라도 무용지물이 될 수도 있지만, 그래도 유일한 원본임을 증명할 수 있는 NFT가 적용되는 게 좋습니다.

32. **웹3.0** 실용화된다면 가상부동산을 안전하고 투명하게 거래할 수 있을 것입니다.

33. **다오(DAO)** 참여자들이 제대로 활용만 한다면 좋은 의견을 다양하게 수렴할 수 있어 가상부동산 플랫폼 운영에 많은 도움이 될

것입니다. 그리고 해당 가상부동산의 가치도 상승하겠죠. 어떤 기술을 사용하다가 문제가 발생했다면 그 기술은 무죄입니다. 그 기술을 사용한 사람이 유죄입니다.

34. **이자율** 가상부동산에 투자하고자 하는데 자금이 부족하다면 은행에서 대출을 받아야 합니다. 그런데 은행 이자율이 높다면 많은 이자를 주면서까지 불안전 자산인 가상부동산에 투자하기가 꺼려지겠죠. 이자율이 상승하면 가상부동산의 가격은 하락할 수 있습니다.

35. **세금** 가상자산은 세금납부 대상인데요, 가상부동산은 아직까진 아닙니다. 그러나 앞으로 가상부동산이 가상자산처럼 세금납부 대상이 된다면 수익률에 영향을 받을 수밖에 없지 않을까요.

36. **규제** 규제에는 이것과 저것만 할 수 있고 다른 건 할 수 없다고 하는 'Positive 규제'와, 이것만 안 되고 나머지는 다 할 수 있다고 하는 'Negative 규제'가 있습니다. 가상부동산 투자자에게 'Positive 규제'는 안전할 수 있고, 'Negative 규제'는 다양한 투자 경험을 할 수 있습니다. 어떤 게 더 마음에 드시나요?

참고로, 07. 환금성, 08. 유동성, 10. 수익률, 20. 상식적 수익구조, 22. 로드맵 실현 가능성, 30. 블록체인, 31. NFT 항목에 부정적으로 체크되는 가상부동산은 안전하지 않거나 투자가치가 낮을 수 있으므로 투자하지 않는 것이 좋습니다.

가상부동산 투자 시
주목할 만한 메타버스 회사들

메타버스 시대에 이를 주도해가고 있는 회사에 관심을 가져보는 건 어떨까요? 이에 주목할 만한 국내 메타버스 관련 회사 몇몇을 살펴보고자 합니다. '메타버스 관련 회사로 이런 곳도 있구나' 하는 정도로 살펴보세요.

1. LG유플러스

LG그룹의 대표 통신·미디어 기업으로, 1996년 설립 이래 현재까지 모바일, 홈, 기업 등 다양한 분야에서 네트워크 서비스를 제공하고 있습니다.

제품·서비스

U+DIVE는 U+VR과 U+AR을 하나로 통합한 멀티미디어 플랫폼으로 기존에 공연, 전시, 스포츠 중계 위주로 제공되던 서비스 영역을 가상공간(Diver City)까지 확장했습니다.

적용사례·실적

- SM엔터테인먼트와 협력으로 가상 전시관을 구축하고 전시관 내부에 EXO의 사진, 영상, 공식 음원 등을 서비스해 국내외 팬들에게 크게 화제가 되었습니다.
- 독점으로 뽀로로 XR 테마파크 가상 전시관을 구축해 전시관에서는 뽀로로의 영상, 동화, 캐릭터의 음성을 제공했습니다.
- 기존 시청 위주의 전시에서 더 나아가, SM엔터테인먼트사(社)의 남성그룹 NCT 127의 신규 앨범 콘셉트로 가상 전시관을 구성해 다트 던지기, 슬롯머신과 같은 미니 게임 요소를 가미한 유료 상품을 출시했습니다.
- TV조선의 〈내일은 국민가수〉와 연계해, 경연 일정에 맞춰 참가자들의 모습을 실제로 확인할 수 있는 가상 전시관을 출시했습니다.
- 국책과제인 '광화시대'에 참여해 청계 광장 앞, 광화문 주변, 시청 광장의 건물 외벽을 휴대폰 카메라로 비추면 휴대폰 화면에 AR 콘텐츠가 나타나고, 게임도 즐길 수 있는 서비스를 제공했습니다.

앞으로의 계획

아바타를 도입해 다른 참여자들과 서로 소통하며 콘텐츠를 함께 즐길 수 있는 가상공간으로 발전할 계획입니다.

2. 씨제이올리브네트웍스

스마트스토어(Smart Store), 인공지능팩토리(AI Factory), 빅데이터(Big Data), 블록체인(Block Chain) 등 4차 산업혁명 시대에 경쟁력 있는 IT 기술로 디지털 전환(Digital Transformation)을 주도하고 인공지능(AI), 메타버스, NFT 등 신기술 연구를 통해 신성장 동력 사업을 주도하고 있습니다.

제품·서비스

가상인간(Virtual Human)은 브랜딩, 콘텐츠 제작, 가상 얼굴 생성(Face Generation) 기술, 얼굴 교체 합성(Face Swapping) 기술을 융합해 가상 인플루언서, 가상 아나운서, 가상 쇼호스트 서비스 등 독자적인 IP 확보 및 AI Face Service Solution을 제공합니다.

적용사례·실적

📍 영상합성: 신세계 TV 홈쇼핑 가상 쇼호스트, 사내방송 남성 가상 MC, 사내벤처 멘탈케어 상담사, 이마트 가상 인플루언서

PoC, 라이브커머스 방송 콘텐츠 제작, 샌드박스 네트워크 가상 셀럽 PoC, 이마트 브랜드 마케팅 캠페인 콘텐츠 등을 제작했습니다.

- 홍보콘텐츠용 영상합성: 사내벤처 홍보영상 'Ready go to out, Virtual Influencer, EUZ 제작 및 Instagram, Virtual Singer Cover Song 1 Weekend, Virtual Singer Cover Song 2 도망가자 등을 제작했습니다.

- 대외행사: 2021년 9월 부산 벡스코 AI Korea 2021 컨퍼런스, 2021년 9월 코엑스 AI대학원 심포지엄 전시, 2021년 12월 코엑스 AI Summit 컨퍼런스 등에 연구 성과 및 산출물을 소개했습니다.

앞으로의 계획

가상인간(Virtual Human)은 목적에 따른 주문 제작으로 다양한 비즈니스 모델에 적용할 수 있습니다. 실제 모델보다 비용면에서 시장 경쟁력이 있으며, 시공간 제약이 없고, 고객이 원하는 다양한 재능을 부여할 수 있으며, 위험 관리도 수월합니다.

상담원, 아나운서, 건강 상담사, 운동 코치, 가상 모델, 가수, 배우, 인플루언서로 활동할 수 있고, 각종 메타버스 플랫폼 내 부캐로서 IP 분양도 가능할 전망입니다.

3. 옴니씨앤에스(omnicns.com)

뇌파와 맥파 측정을 통해 스트레스·집중력·우울·치매 등을 측정할 수 있는 바이오마커를 제시하고 있습니다. 뉴로피드백과 바이노럴비트 기술이 적용된 디지털 콘텐츠로 치유와 훈련 프로그램을 제공합니다.

제품·서비스

옴니핏 VR은 생체신호 측정센서(BioFlex)가 탑재된 VR 기반의 HMD로 사용자의 뇌파(EEG)와 맥파(PPG)의 측정을 통해 집중도, 스트레스, 심장 건강, 피로도 등의 신체 상태를 분석합니다. 그리고 이렇게 분석된 데이터를 근거로 집중력 향상을 위한 뉴로피드백 훈련, 신체의 감각을 깨우는 바디스캔 명상, 치매 예방에 도움이 되는 인지 재활훈련, 내 마음의 건강을 챙겨주는 MBSR 명상, 내 몸을 안정시켜주는 복식 호흡 훈련, 스트레스 완화에 도움을 주는 힐링 여행 영상 등 실감 나고 몰입감 있는 다양한 VR 콘텐츠를 제공합니다. 또한 언제 어디서든지 '다중참여 심리상담 효과'를 얻을 수 있는 메타버스 속 힐링 세상을 체험할 수 있습니다.

적용사례·실적

♀ 뇌파·맥파를 측정할 수 있는 생체신호 측정센서(BioFlex)는 의료

기기 2등급 인증을 받았고, GS인증 1등급을 획득한 옴니핏 VR
은 4K UHD 해상도를 지원하므로 좀 더 현실감 있는 콘텐츠를
체험할 수 있습니다.

📍 2022년 3월 10일부터 13일에 걸쳐 서울 COEX에서 개최된 제
37회 국제의료기기·병원설비전시회(KIMES 2022)에 출품했고, 보건
복지부장관 시연 및 TV조선, 데일리픽 등 다양한 언론매체에 소
개되었습니다.

📍 서울시정신건강복지센터 등 정부기관, 의료기관, 기업 등에 납
품해 현장에서 활용되고 있습니다.

앞으로의 계획

그룹 상담 및 정신건강 훈련을 VR 환경에 적용한 '옴니핏 VR' 솔
루션으로 폐쇄형 멘탈케어 메타버스 플랫폼(Closed Mental Care Metaverse
Platform)으로의 사업 확장을 준비하고 있고, 임상을 통한 디지털치료
제(DTx)를 확보해 디지털헬스케어 시장을 선도할 계획입니다.

4. 메디컬아이피 주식회사

AI 딥러닝 기술로 CT, MRI, X-ray 등 흑백 2D로 확인되는 의료
영상을 3D 컬러 이미지로 구현해 신속·정확하게 장기 및 병변 영역
을 분할(Segmentation)하는 원천기술을 보유하고 있습니다. 또한 가상

현실(VR)·증강현실(AR) 기술을 활용해 환자의 의료영상을 디지털 트윈으로 만들 수 있습니다.

제품·서비스

MDBOX는 골격계, 호흡계, 신경계 등 1,000여 가지의 해부학 구조물을 가상공간에 구현합니다. 그리고 구조물 각 영역의 명칭과 설명이 제공되어 의과대학교 학생들은 가상세계 속에서의 체험 학습을 통해 교육 효과를 크게 높일 수 있습니다. 해부학 구조물의 이동 및 360° 회전, 투명도 조절이 가능하며 심장 내·외부의 움직임도 표현할 수 있습니다.

적용사례·실적

MDBOX는 서울대학교 의과대학 내 메타버스 적용 커리큘럼에 메인 교구로 활용된 바 있고, 최근에는 조달청을 통해 제주대학교 의과대학에 납품되었습니다. 현재 다양한 의과대학과 MDBOX 공급을 협의중입니다.

앞으로의 계획

주요 의과대학 공급을 확대하고 해부학 실습 교육에 최적화된 제품으로 인지도를 확보해나갈 것입니다. 또한 해부학 교육 외에도 수술 시뮬레이션, 생리학 등 다양한 의료 교육에 사용될 수 있도록 절제, 절개, 변형 등 3D Object의 물리적 시뮬레이션과 햅틱 피드백 장치 지원을 추가할 것입니다.

또 다른 제품·서비스

♥ 'MEDIP PRO AR'은 AR 기술을 활용해 외과적 중재술 또는 수술 시 환자의 고통 없이 피부, 뼈, 뇌 내부 기관의 위치, 크기 등의 정보를 알려주는 플랫폼입니다.

♥ '이비인후과 귀수술 VR 시뮬레이터'는 몰입형 VR 기술에 3D 모델링 및 가공 기술, 해부학 구조물의 3D 정보, 실시간 3D 상호작용 처리기술 및 절개, 절제 등의 기술을 적용해 물리적 공간의 한계로 공유하기 어려웠던 시야를 공유해 귀수술 과정의 진행도를 파악하고 다양한 귀수술 방식을 실습할 수 있습니다.

5. ㈜피앤씨솔루션

메타버스·XR·AI 전문회사로 국방과 의료 분야에서 XR Glass, AI 기반 비전인식, 시뮬레이터, 모션센서 기술을 제공하고 있습니다.

제품·서비스

HMD XR Glass는 증강현실 콘텐츠를 사용자의 시야에 직접 띄워줄 수 있는 웨어러블 디바이스의 한 종류를 말하는데요, A21M모델은 안드로이드(Android)10을 기본 OS로 사용하며 AR글라스보다 활용성이 높아 산업용, 군사용, 의료용, 가정용 등 분야의 제약 없이 사용 가능합니다. W21M모델은 Window10 OS를 기반으로 동작하는 보급형 모델로 고객 요구사항에 따라 기능 추가가 자유롭습니다.

적용사례·실적

2021년 9월과 10월 2차에 걸쳐 DL E&C와 피앤씨솔루션 AR글라스의 원격협업 PoC를 진행했습니다. 피앤씨솔루션은 협력사와 함께 AR글라스에서 구동하는 원격협업 애플리케이션을 이용해 지리적으로 떨어져 있는 원격지의 사용자가 한 공간에서 협력하는 것과 유사한 수준의 공동작업이 가능한 환경을 구축해나가고 있습니다.

앞으로의 계획

발전소와 같이 위험성이 높은 작업장이나 고층빌딩, 교각 등 외부에 노출된 작업 현장이나 출입제한 시설 등에서 작업자가 증강현실·가상현실·사물인터넷(IoT)을 활용해 매뉴얼 및 추가 지시사항을 확인할 수 있는 피앤씨솔루션의 XR글라스는 현재 스마트팩토리에서 활발하게 적용되고 있습니다.

방위산업에서도 작전 상황에 대한 이해도 향상 및 효율적 커뮤니케이션을 가능케 하는 피앤씨솔루션의 XR글라스는, 의료산업에서도 수술이나 시술 전 시뮬레이션 및 실시간 정보 확인을 통해 의료 사고 예방 효과를 기대할 수 있을 것으로 보입니다.

또 다른 제품·서비스

- ♀ '합동화력 XR 시뮬레이터'는 '모의주야간관측경, 모의다기능 관측경, 모의쌍안경' 3종으로 가상현실상에서 적에 대한 탐지 및 포병사격 연습이 가능한 훈련 시뮬레이터입니다.
- ♀ 'WEB 기반의 메타버스 플랫폼'은 설치가 필요 없는 웹 기반의 메타버스 플랫폼으로 PC, 모바일, VR 등에서 제약 없이 구동할 수 있습니다. 사용자는 플랫폼 내에서 다양한 이벤트 구현이 가능하고 3D를 기반으로 하는 360° 포토 또는 VR 영상이 가능합니다.
- ♀ '메타윈(METAWIN) 통합관제 솔루션'은 디지털 트윈을 결합해 공장·건물의 통합 상황을 모니터링하며 재난 및 위급상황이 발생했을 때 빠른 대처가 가능하도록 지원하는 솔루션입니다.

6. 가온미디어

Smart OTT, 기가지니, 안드로이드 스마트 디바이스(Android Smart Devices) 등을 제조·판매해왔던 기업으로 2017년부터는 AI 솔루션을 결합한 디바이스를 주력으로 공급하고 있으며, AI·5G 기술력을 바탕으로 XR 부문으로 사업을 확장하고 있습니다. 또한 메타버스 사업을 위한 105억 원의 자금을 확보하고서 추가 투자를 진행하고 있습니다.

제품·서비스

KXR Devices는 메타버스 구현에 필요한 AR·VR 등 대용량 콘텐츠의 초고속·초저지연 실행이 가능합니다. 고해상도 유기발광다이오드(OLED)를 사용했으며 얇고 가볍습니다. 또한 넓은 시야각으로 자연스러운 시야를 확보해 다양한 서비스와 콘텐츠를 이용하는 데 있어 불편함을 최소화했습니다.

적용사례·실적

2021년에 개발이 완료되어 메타버스 플랫폼 및 콘텐츠 기능 구현을 위한 고성능 임베디드 H/W, 동작 인식·사물 인식을 위한 센서 모듈과 카메라 모듈, 무선 네트워크 기능 구현을 위한 통신 네트워크 모듈, 상호 원격지에 있는 고급기술자와 초급기술자를 입체적이고 효과적으로 연결해주는 AR 기반 원격협업 솔루션(KXR INPERT)을 탑재한 XR디바이스는 계열사의 제품 제조 공정에서 활용하고 있습니다. 그리고 더 나아가 특수작전, 훈련, 제조, 교육, 스포츠, 스마트팜(Smart Farm) 등 다양한 산업 분야 진출을 위해 체계적인 준비를 하고 있습니다.

앞으로의 계획

다양한 산업 분야에서 활용할 수 있는 AR 기반 원격협업 솔루션 (KXR INPERT)을 탑재해 다양한 기관과 세계적인 업체에 사업화 추진을 제안할 예정입니다.

또 다른 제품·서비스

'KXR INPERT'는 AR 기반 원격협업 솔루션으로 서로 멀리 떨어져 있는 고급기술자와 초급기술자를 입체적이고 효과적으로 연결해줍니다. 관제 통제실에 있는 전문가는 실시간으로 드로우, 포인팅, 채팅 등 다양한 의사소통 기능을 활용해 송출중인 현장 근무자의 작업환경을 관리하고 통제할 수 있습니다. 또한 현장 근무자에게 각종 영상 및 문서로 작성된 매뉴얼을 증강시킬 수 있습니다.

7. 기가찬

VR·AR 솔루션 제작업체로 360° 실사 VR과 3D, 핵심 데이터를 결합해 가상현실을 구축합니다. 선박, 에너지 플랜트, MICE, 캠퍼스, 병원을 아우르는 다양한 분야에서 프로젝트를 진행하며 성장해 왔습니다.

제품·서비스

선박·플랜트 VR은 360° VR 기술로 규모가 크고 복잡한 선박 및 플랜트와 동일한 가상환경을 구축해 시간과 공간의 제약을 넘어 효율적인 관리를 할 수 있고, 건조 비용을 절감할 수 있습니다. 또한 실감형 가상현실을 통해 효과적인 교육(OJT)을 할 수 있고, 숙련자의 업무효율이나 작업자 사이의 의사소통을 향상할 수 있습니다.

적용사례·실적

2019년 DSME 친환경장비(Sox Scrubber) VR 교육시스템, 2019년 인도네시아 잠수함(Batch-I) 가상현실 콘텐츠 솔루션, 2020년 DSME-1400 잠수함 가상현실 솔루션, 2020년 수상함 가상현실 VR 콘텐츠, 2020년 BW LNGC 인도호선 선원교육 VR, 2022년 원자력 발전소 실감형 기반 발전설비 지능형 탐색 시스템 개발 등이 있습니다.

앞으로의 계획

VR·AR 기반의 선박과 플랜트 시스템 유지보수(Operation & Maintenance) 부문 서비스 비즈니스 개발이 가능합니다. 또한 VR·AR 솔루션과 기존 시스템 플랫폼 간 연동 및 확장이 가능합니다.

또 다른 제품·서비스

📍 '산업용 AR'은 기존의 3D 모델링 정보와 장비의 품질 관리매뉴

얼 데이터를 AR 솔루션에 지도화해 모델과 현물의 정합성을 비교하는 검사 시스템입니다.

♥ 'MICE VR 솔루션'은 도시의 공간정보를 입체적이고 생생하게 경험할 수 있도록 랜드마크, 컨벤션센터, 복합문화시설, 호텔 등 주요 베뉴(Venue)를 360° VR로 제작해 Web VR로 구현합니다.

♥ '레이아웃 배치 VR 솔루션'은 국내에서 최초로 개발한 것으로, 사용자는 실사 회의실 VR을 보며 행사의 규모·인원·목적에 따라 가상의 테이블을 배치할 수 있고, 시설정보를 입체적으로 확인할 수 있습니다.

♥ '가상 전시관 VR 솔루션'은 전시관에 브로슈어·영상 등 다양한 콘텐츠를 연동해 참여자는 차별화된 홍보 및 판매전략을 세울 수 있고, 방문자는 필요한 제품의 정보를 확인하고 문의할 수 있습니다.

♥ 'CG 가상 전시관 솔루션'은 컴퓨터 그래픽 기술을 활용해 구축한 이머시브(Immersive) 가상 전시관 솔루션으로 전시의 콘셉트에 맞추어 가상으로 재창조된 공간에서 작품에 몰입할 수 있습니다.

♥ '캠퍼스 VR 솔루션'은 캠퍼스 공간정보를 360° VR 기술로 구현해 온라인상에서 캠퍼스의 전경과 건물의 내외부를 현장감 있게 체험할 수 있습니다. PC·스마트폰을 통해 어디서나 쉽게 접속할 수 있으며, 학교 홈페이지나 다양한 플랫폼과 연결해 확장 가능합니다.

♀ '병원 VR 솔루션'은 병원시설, 치료 장비, 치료 과정 등을 360°
사진 혹은 영상 360° VR로 제작해 일반인은 고가의 특수 시설이
나 수술실이나 병동을 VR을 통해 구경할 수 있으며, 병원은 해
외 환자 유치를 위한 홍보 수단으로 활용할 수 있습니다.

8. ㈜레인보우브레인

국내 로보틱 처리 자동화(RPA) 1세대 기업으로 자동화 컨설턴트,
프로세스 전문가, 자동화 개발자, 로봇 엔지니어 등으로 구성된 업
계 최고 수준의 전문인력을 확보하고 있습니다. 또한 자동화 업무
서비스를 제공하는 RPA 플랫폼인 '디지털 워커 클라우드 서비스
(Digital Worker Cloud Service)'를 제공하고 있습니다.

제품·서비스

디지털 워커(Digital Worker) 클라우드 서비스 '메타봇'은 인사, 재무,
마케팅, 생산관리, 판매관리 등 직원이 전통적으로 처리해왔던 반복
업무를 수행할 뿐만 아니라 언제 어디서나 서비스를 받아볼 수 있는
'가상직원' 역할을 하는 디지털 로봇입니다.

적용사례·실적

실시간 상품별 최저가 및 노출 순위 확인, 프로모션·배송비 적용

한 최저가 수집, 별점·리뷰 수·구매 수 수집 등 'e-커머스 가격 수집', 인스타그램·유튜브 댓글 분석, 키워드가 가지고 있는 긍정·부정·중립 등 감성 분석 등 'SNS 감성 분석', 광고 심의 규정에 어긋나는 금지어 실시간 모니터링 등 '금지어 모니터링'에 적용했습니다.

앞으로의 계획

플랫폼을 통한 디지털 직원 아웃소싱(BPO) 사업으로 확장하고, 일본·중국·베트남 등 SaaS 기반 디지털 워크포스(Digital Workforce) 해외 시장에 진출할 계획입니다.

9. ㈜유비씨

국제 산업 자동화 표준 규격(OPC UA)을 적용한 디지털 트윈(Digital Twin) 업체로 산업 메타버스, 디지털 트윈 플랫폼(Digital Twin Platform), 스마트팩토리 CPS(Smart Factory CPS)를 개발해 공급합니다. 자체적으로 개발한 스마트팩토리 교육장비를 기반으로 IT 교육사업도 하고 있습니다.

제품·서비스

Flexing XR Twin은 국내외 다수의 공장을 중앙에서 모니터링 및 제어하고, XR·AR·VR 협업을 통해 실시간 회의, 즉각적인 고장 대처, 현장 작업자 교육, 유지보수 등으로 효율적인 관리가 가능하게 하는 디지털 트윈 기반의 메타버스 플랫폼입니다.

적용사례·실적

글로벌 자동차 회사와 디지털 트윈, 메타버스 프로젝트를 수행하고 있으며, 해외 공장을 많이 소유하고 있는 자동차 산업의 1차 벤더들과는 구체적인 내용을 협의하고 있습니다.

앞으로의 계획

디지털 트윈 시스템과 연계해 100배속 가능한 시뮬레이션 구축, 에디터를 통한 가상공장 구축, VR·AR을 통한 시뮬레이션 기능 개발, 빅데이터와 AI를 이용한 제조 KPI 예측 시스템 개발, 메타버스 기술을 이용한 언택트 협업 및 설비 제어, 응용 솔루션 개발 및 교육을 위한 CIM Training System 등을 구축할 계획입니다.

또 다른 제품·서비스

'플렉싱 에듀키트(FLEXING EDUKIT)'는 실제 산업용 PLC, HMI, CPS가 적용된 미니어처 형태의 스마트팩토리 교육용 KIT, 실제 산업현장의 구성을 기반으로 OT와 IT 모두 교육 가능한 KIT, 국제 산업용 표준 OPC UA를 적용한 임베디드 교육용 KIT, 스마트 공장을 구성하고 제어할 수 있는 CPS 구축 체험형 교육 KIT, 실제 산업현장에 적용 가능한 클라우드 CPS와 Edge로 데이터 수집 및 공정제어가 가능한 S/W 등으로 구성되어 있습니다.

10. ㈜엠라인스튜디오

VR 효과가 가장 잘 적용될 수 있는 산업안전 분야의 선두주자로 80여 개 대기업과 공공기관에 VR 교육시스템을 구축한 다양한 경험과 지식을 보유하고 있으며, 콘텐츠기획에서부터 하드웨어, 공간디자인, 통합관리 SW에 이르기까지 'All-in-One XR 솔루션'을 통해 클라이언트의 수요에 최적화된 시스템을 제공하고 있습니다. 또한 서로 다른 공간의 사용자가 가상공간에 동시에 접속해 실감체험형 직무교육을 진행하는 메타버스 플랫폼을 구현했습니다.

제품·서비스

'메타버스 직무 트레이닝 시스템'은 서로 다른 공간의 교육생들이 XR 디바이스를 활용해 디지털 트윈으로 구축된 가상공간에 동시에 모여 협업 훈련을 진행할 수 있도록 하고, AI 강사 시스템과 훈련생들을 실시간 관제할 수 있는 관리자 옵서버(Observer) 기능을 지원하며, PC와 모바일에 호환되어 다양한 분야의 다중 훈련을 할 수 있도록 합니다.

적용사례·실적

2020년 한국탄소산업진흥원에서 탄소복합재 생산공정 전문인력 양성을 위한 실습교육용 VR콘텐츠 개발 및 훈련장 시스템 구축을 완료했고, 고가의 장비와 현장을 가상공간에 동일하게 구현해 교육 비용 절감과 안전성 및 효율성을 높였으며, 2022년 현재 2차 고도화 사업 추진을 협의하고 있습니다.

앞으로의 계획

AR, 웨어러블 디바이스(Wearable Devices), IoT 등이 포함된 시스템으로 현재보다 광범위한 교육 커리큘럼 및 현장 시스템을 개발할 계획입니다. 또한 AI 및 빅데이터 기술을 적용해 교육생별로 적합한 코칭 및 훈련계획을 자동으로 생성하는 기술도 개발할 계획입니다.

또 다른 제품·서비스

'스마트팩토리 잡 시뮬레이터(Smart Factory Job Simulator)'는 4명의 중학생이 VR 디바이스를 이용해 가상공간에 모여 미래사회에 새롭게 생겨날 홀로그램 전문가, 3D 프린팅 전문가, 무인 자동차 전문가, 드론 전문가의 업무를 체험하고, 체험 후 4가지 직업이 한 공간에 모여 협업해 미션을 수행하는 콘텐츠로 구성되어 있습니다.